FOYERS
ET
COULISSES

HISTOIRE ANECDOTIQUE
DE TOUS LES THÉATRES DE PARIS

Henry Buguet

FOLIES-DRAMATIQUES

AVEC PHOTOGRAPHIES

PARIS
TRESSE, ÉDITEUR,
GALERIE DE CHARTRES, 10 ET 11
PALAIS-ROYAL

MDCCCLXXIII

FOYERS ET COULISSES

DEUXIÈME LIVRAISON

FOLIES-DRAMATIQUES

Paris. — Richard-Berthier, 18 et 19, pass. de l'Opéra.

PHOTOGRAPHIE GASTON et MATHIEU

40, BOULEVARD BONNE-NOUVELLE

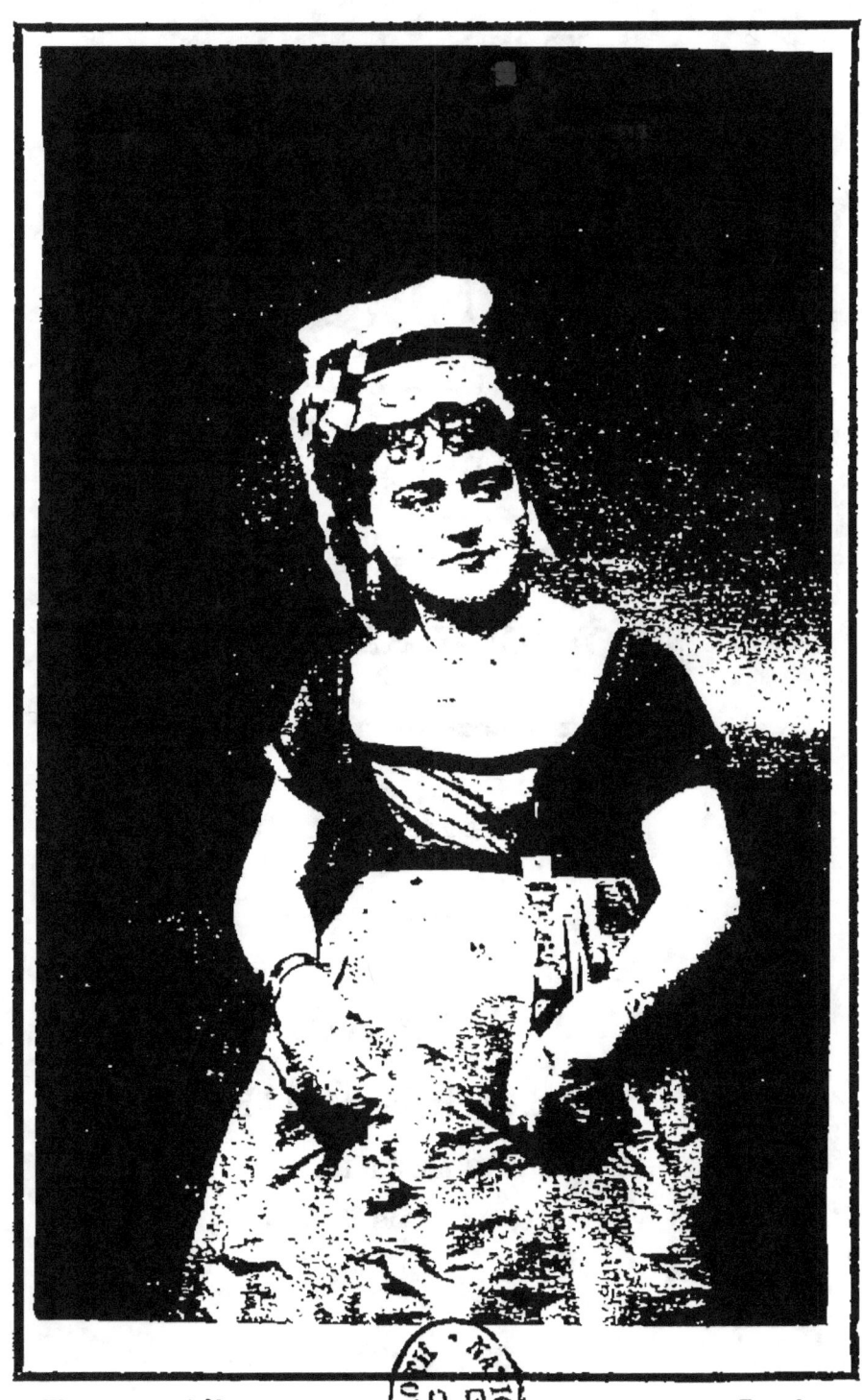

Tresse, éditeur.   Paris.

FOYERS

ET

COULISSES

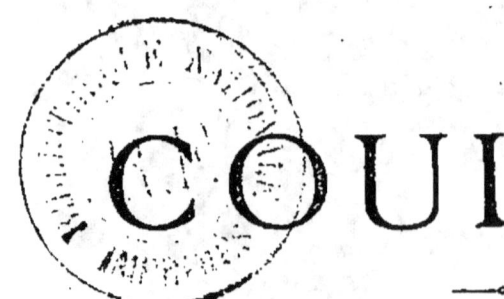

HISTOIRE ANECDOTIQUE DES THÉATRES DE PARIS

FOLIES-DRAMATIQUES

1 franc 50

PARIS

TRESSE, ÉDITEUR

10 ET 11, GALERIE DE CHARTRES

Palais-Royal

1873

FOLIES-DRAMATIQUES

(1831 1874)

Le théâtre du Panorama dramatique fut bâti sur les ruines du café d'Apollon où l'on jouait la comédie-vaudeville, comme aux Variétés-Montansier, M. Alaux, un peintre très-distingué, émule de Cicéri, le professeur d'un grand nombre de peintres de notre époque, avait obtenu le privilége de donner sur cette scène nouvelle des mélodrames à deux personnages seulement; dans les entr'actes on baissait un rideau de glace qui formait deux salles parallèles et amusait beaucoup les spectateurs de cette époque, déjà si éloignée. Cette administration ne fut pas heureuse, et croula sous le poids des charges qui lui incombaient.

*
* *

De ce théâtre de jeunes élèves sortirent comme artistes de mérite, *Bouffé*, *Serres*,

1

Francisque aîné, *Vautrin*, *Bertin*, qui créa
le *Pauvre Berger*; *Monnet*, qui fut longtemps régisseur de l'Ambigu; *Renault*, le
maître de ballet, qui suivit Alaux, et vint
aux Folies-Dramatiques pour remplir les
mêmes fonctions que *Mourier* lui conserva
jusqu'à sa mort.

Revenons à l'historique de notre théâtre:
malgré sa faillite, M. Alaux avait conservé son privilége. L'Ambigu-Comique
venait d'être incendié, le terrain était jugé
insuffisant pour la construction d'un nouveau théâtre de mélodrame, M. Alaux fit
construire une petite salle qu'il appela
Folies-Dramatiques. L'ouverture eut lieu
le 22 janvier 1831.

Il avait pris pour associé et directeur
de la scène M. Léopold, qui faisait jouer
le prologue de réouverture à l'Ambigu.
Alaux avait formé une société en com-
mandite qui donnait au directeur trois
cents francs par soirée pour subvenir à
tous les frais. Le spectacle d'ouverture
se composait des *Fous dramatiques*, prologue de *Saint-Amand*, *Lacoste* et
Overnay, et *les Quatre parties du Monde*,
vaudeville en trois actes, de *Bignon*, puis
on joua successivement : *les Trois aven-
turiers*, de *Closel*, fils du célèbre créateur
des *Deux Philibert*, à l'Odéon, *la Brouette
du vinaigrier*, qui fut plus tard réduite
en un acte par *Brazier*, *les Trois Rigobert*,

encore de *Closel* fils, *la Laitière de Belleville*, *le Pair de France*. Ces différentes pièces n'attiraient pas le public, la joyeuse *Léontine* avait beau chanter *la Parisienne* dans les entr'actes, le théâtre allait fermer si n'arrivait heureusement *la Cocarde tricolore*, de MM. Th. et H. Cogniard. Cette pièce fut sans contredit la *Fille Angot* de la direction Alaux et Léopold.

Elle fut représentée le 19 mars 1831. Les créateurs étaient *Williams, Dumoulin, Palaiseau, Lepeintre, Rhoseville, Didier, Vaillant, d'Armance, Lemonnier, Ernest, Perret, Belmont*, Mmes *Balthazar, Bordier aînée, Dumas, Thierry, Valmy.*

*
* *

Un jour, au café de l'Ambigu, où il prenait ses repas, Léopold vint à dire assez haut pour être entendu d'une table voisine où se trouvait Mourier (qui, sous le nom de Valory, faisait des pièces qui, pour la plupart n'ont pu être représentées) : Celui qui me ferait dix-huit cents livres de rente, je lui abandonnerais bien volontiers *la cassine* (textuel).

Mourier se levant, lui dit : j'accepte ! Tiens, c'est mon auteur refusé, répondit Léopold. Refusé ou non, acceptez-vous ma parole de vous faire dix-huit cents livres de rente — en viager : L'affaire fut conclue séance tenante, et le lendemain un sous-seing privé engageait l'ancien et le nouveau directeur des Folies-Dramatiques.

*
* *

Avec Mourier le théâtre reprit un nouvel essor.

Dumoulin, après avoir débuté aux Variétés et à l'Ambigu, reprit la route des Folies, théâtre de ses premiers succès.

Palaiseau quitta le Palais-Royal pour les Folies, où l'attendaient des créations remarquables.

Pendant quelque temps encore, on ne joua que vieux mélodrames et vieux vaudevilles; mais en 1834 parut *Robert Macaire*, pièce en quatre actes et six tableaux, de Saint-Amand, Benjamin Antier et.... *Frédérick-Lemaître*.

Nous avons pu nous procurer cette pièce devenue fort rare, nous en donnons la distribution des Folies ainsi que celle de la reprise à la Porte-Saint-Martin, en décembre 1835.

	Folies.	Porte-St-Martin.
Robert Macaire	Fréd.-Lemaître	Fréd.-Lemaître
Bertrand	Rebard	Serres

	Folies.	Porte-St-Martin.
Bar. de Wormspire	Clément	Moessard
Charles	Saint-Hilaire	Chilly
Pierre	Palaiseau	Tournan
Roger	Dargent	Venot
Remi	François	Héret
Alfred	Sagedieu	Alfred
Gogo	Arnold	Duplanty
Eloa	Mmes Elise	M^{m..} Moralès
Nanette	Delisle	Asfruc
Louise	Camille	Georges (cadette)
Mme Remi	Dumas	Dupont
Madeleine	Virginie	Laisné

Avec cette farce mémorable, l'immortel Frédérick-Lemaître fit courir aux Folies-Dramatiques le tout Paris de cette époque.

Malgré le succès, les actionnaires n'avaient encore touché aucun dividende; ils mirent Mourier en demeure de payer. Celui-ci leur proposa de lui laisser la direction à ses risques et périls, il s'engageait à leur payer tous les lundis une somme de 700 francs; ces propositions satisfirent complétement les actionnaires, et le bail fut signé, C'est à cette époque que Mourier engagea comme contrôleur général M. Herbet, qui par son activité et son intelligente coopération contribua puissamment à la fortune de son directeur.

Le 4 août 1847, première représenta-

tion de *la Fille de l'air*, une féerie en
trois actes, comme on n'en voit malheureusement plus, messieurs *Cogniard* frères et *Raymond* en étaient les auteurs, et
Neuville, Palaiseau, Patonelle, Mmes De-
lille, Nathalie (de la Comédie-Française),
Sophie, les principaux créateurs.

En 1839, sur la recommandation des
frères Cogniard, Mourier alla voir à
Montmartre un acteur de talent, *Dorlanges*,
et l'engagea immédiatement pour remplacer un nommé *Gérard*, artiste de mérite,
mais fort inexact.

Dorlanges, qui avait joué dans la
banlieue tous les grands rôles comiques
du répertoire, se trouva mal partagé
avec les rôles de père noble. Un beau
jour Mourier lui proposa la régie, qui
avait été occupée successivement par
Achille, Gabriel et d'Albeis.

Dorlanges accepta et remplit jusqu'à
la mort de Mourier, 14 décembre 1857,
ces fonctions difficiles.

En 1848, le seul théâtre qui se maintint
dans d'excellentes conditions de recettes
fut les Folies-Dramatiques; lorsque le
commerce était un vain mot, que les directeurs étaient aux abois, dans une as-
semblée particulière, ces messieurs vou-
laient solliciter un secours du ministre,
Mourier, directeur des Folies, fut le
seul qui refusa de souscrire à cette de-

mande, et, pour justifier sa conduite, dit à ses confrères étonnés : « Vous êtes tous en perte et j'ai gagné 30,000 francs dans mon année; il est vrai que tous les ans j'encaisse le double, mais ce déficit est insuffisant pour apitoyer le ministre sur mon sort. » M. Mourier paraissait devoir jouir encore longtemps de son privilége, quand, dans la soirée du 15 octobre 1857, après s'être promené devant son théâtre, après avoir donné des ordres à ses régisseurs, il rentra dans son domicile sur le boulevard, nº 42, vers les onze heures et se sentant subitement indisposé, se mit au lit... A une heure du matin il avait cessé de vivre, laissant à sa jeune veuve une fortune de deux millions gagnée au petit théâtre des Folies-Dramatiques.

*
* *

A la mort de Mourier, du 15 octobre au 1er novembre 1857, Dorlanges fut nommé administrateur provisoire.

Il céda la place à Tom Harel, fils du fameux directeur de l'Odéon et de la Porte-Saint-Martin, neveu de la célèbre Mlle Georges.

*
* *

Harel abandonna le système de son prédécesseur ; il était jeune et on ne lui aurait pas pardonné de diriger avec la parcimonie de Mourier, qui depuis a été bien distancé par M. *Billion*, directeur actuel de l'Ambigu.

La fortune lui sourit jusqu'au jour où le ministère décréta la suppression du boulevard du Temple... Il fallut chercher un autre emplacement... cela n'était pas chose agréable, car le théâtre des *Folies-Dramatiques* avait une clientèle ; enfin on se décida à bâtir sur le terrain des anciennes Caves centrales, et le 30 janvier 1862, les nouvelles *Folies* firent leur inauguration par *Bonheur de se revoir*, actualité de Henri Thiery, le père *des Canotiers de la Seine*, qu'il fit en collaboration avec Adolphe Dupeuty.

On jouait comme grande pièce *les Fables de Lafontaine*, quatre actes de Henri Luguet, qui n'eut pas le succès qu'elle méritait.

Le directeur avait fait bâtir lui-même son théâtre, et l'on sait ce que sont les *bâtisseurs* de toute espèce, au lieu de dépenser seulement les 500,000 francs dont il pouvait disposer, on lui en dépensa le double ; de là perturbation dans les affaires.

La première année il n'y eut que 30,000 fr. de bénéfices ; les entrepreneurs, âpres à la curée, voulurent être payés, et M. Harel, qui avait tenu une fortune dans ses mains, fut exproprié.

*
* *

De la direction Harel à la direction Moreau-Sainti, le théâtre fut exploité avec assez de bonheur par M. Dépy, un brave et excellent homme qui fit vivre son personnel en lui payant des appointements plus forts que ceux qu'il avait promis.

L'ancien genre des Folies-Dramatiques fut complétement changé par la direction Moreau-Sainti. On essaya le drame, genre Gymnase, en jouant pour commencer *les Filles pauvres* de Edouard Brisebarre. Cet ouvrage, monté avec le plus grand soin et joué par des artistes d'un talent incontestable ne fit pas de fructueuses recettes, les pièces qui suivirent n'eurent aucun succès d'argent. Bref, on se demandait ce qu'il fallait faire, lorsque Hervé apporta à Moreau-Sainti *l'Œil crevé*, qui avait failli moisir dans les cartons des Variétés.

La direction, découragée par tous ses insuccès, accueillit avec empressement l'œuvre du maestro encore inconnu.— On sait le succès de *l'Œil crevé*, qui fut suivi de ceux de *Chilpéric* et du *Petit Faust*. Le *Compositeur toqué* obtint enfin la place

qu'il méritait parmi les musiciens en re-
nom.

*
* *

Ici commence l'ère malheureuse de la
direction Moreau-Sainti.

Après les grandissimes succès de *l'Œil
crevé, de Chilpéric*, du *Petit Faust* et du
Canard à trois becs, les fours, comme *la
Boîte de Pandore*, de Barrière et Litolff;
la Tour du Chien vert, de Philippe Gille
et Duprato, et *Ruy-Blas d'en face*, parodie incompréhensible de MM. Emile Blavet
et de Saint-Albin, journalistes.

Il suffit de trois mois de guignon pour
faire oublier trois années de fortune et
de prospérité.

M. Moreau-Sainti avait perdu tout pres-
tige aux yeux des actionnaires qui n'eurent bientôt plus qu'une idée : changer
de directeur, et ils y arrivèrent, voici
comment : Il y avait, dans l'acte de société,
entre M. Moreau-Sainti et les actionnaires
des Folies-Dramatiques, un article par
lequel il était dit que si les recettes ve-
daient à tomber pendant une semaine au-
dessous de 600 francs, les actionnaires
auraient le droit de demander la dissolution de la société. C'est alors que M. Cantin, un des principaux actionnaires, de-

manda, non-seulement la dissolution, mais aussi le droit de nommer un autre directeur.

M. Moreau-Sainti, persuadé qu'il resterait au pouvoir, accepta la décision des actionnaires, mais il avait compté sans M. Cantin, qui se mit sur les rangs, et obtint la préférence. M. Moreau-Sainti ayant refusé de payer 80,000 francs pour les loyers des Folies-Dramatiques pendant la guerre, M. Cantin offrit de verser immédiatement cette somme aux frères Bourgeois, propriétaires du théâtre. Bourgeois firent jouer, il y a nombre d'années à la Porte-Saint-Martin, une pièce sur le protestantisme, qui devait faire courir tout Paris, et qui n'eut que six représentations (c'était intitulé : *l'Evangile et le Foyer*, et c'était joué par Munié et Mlle Grave).

On connaît la suite : la chance n'a cessé de prodiguer ses faveurs au nouveau directeur, M. Cantin. M. Moreau-Sainti, ne pouvant rester inactif, se crut bien inspiré en s'associant avec M. Billion pour diriger l'Ambigu.

★
★ ★

Avant de commencer l'histoire des Folies-Dramatiques, depuis 1871, nous devons dire un mot des artistes et des pièces qui ont fait la réputation du théâtre depuis sa création.

Nous avons déjà cité la *Cocarde tricolore* où *Dumoulin et Palaiseau* créèrent les types remarquables de Chauvin et Dumanet. *Williams* créa le rôle de la Cocarde, puis celui du *Grenadier de l'Ile d'Elbe* dans la pièce de ce nom, puis vint *mon Oncle Thomas*, de Michel Masson — *la Gamine de Paris*, jouée par *Léontine*, qui fut ensuite la célèbre Chonchon de la *Grâce de Dieu* — *Gig-Gig*, avec le clown Klischnig. *L'Amitié d'une jeune Fille* avec *Théodorine*, qui passa ensuite à l'Ambigu et devint Mme Mélingue. *Les Chauffeurs*, pièce en cinq actes, où *Camille*, un ancien acteur de la Comédie-Française, joua un rôle de curé qui fut très-remarqué. C'est dans cette même pièce que Rébard créa *un chauffeur* avec tant de vérité qu'il fut engagé aux Variétés.

Le joyeux *Philippe* vint donner des représentations composées des pièces de son répertoire — *Nicolas Remy* — *la Gageure des trois Commères*, etc.

Odry y fit aussi une apparition en 1836 et joua *Coquelicot*.

Vierge et Martyre eut aussi quelque vogue.

La Grille du Manoir servit de débuts à Saint-Marc, qui passa ensuite à la Gaîté.

Dans *Micaela* se produisit *Nathalie*. Elle créa ensuite *la Fille de l'Air*, qui la fit engager au théâtre du Palais-Royal, de là elle passa au Gymnase. — Mlle Nathalie est en ce moment une des sociétaires les plus remarquées de la Comédie-Française.

La Bouquetière des Champs-Elysées, de Paul de Kock et Valory (Mourier)

La Bergère d'Ivry, de Michel Delaporte et Gabriel.

La belle Bourbonnaise, de Dumersan et Carmouche.

Ramponeau, de Cormon et Grangé.

L'Orangerie de Versailles.

Gobert vint, en 1841, jouer une pièce de lui et Auguste Jouhaud intitulée : *le Soldat de la Loire*, où il représentait un vieux soldat et Napoléon 1er.

La belle Limonadière, de Maurice Alhoy et Valory.

Le Peintre d'animaux, de Rochefort père, pour les représentations de *Bernard Léon*.

Amour et Amourette, pièce très-remarquée par la manière dont elle fut jouée par *Clorinde, Armand-Villot, Dorlanges, Belmont* et surtout par Mlle *Judith* dont l'engagement fut signé par le Théâtre-Français à la condition qu'elle passerait une année aux Variétés.

Les Fumeurs, de Paul de Kock, où *Potier* était si amusant; on remarqua dans cette pièce la petite *Florentine*, qui mourut si malheureusement.

Les Amours du Diable pour *Charles Potier* et la belle Mlle *Legros*, qui jouait les travestis à ravir.

L'Espionne russe, pour les débuts de la petite *Klein*.

Puis vinrent les représentations de *Lepeintre aîné* dans *M. Botte, Mathias l'Invalide, l'Ami intime*, etc.

Neuville, avant son départ pour la Russie, vint aussi jouer *ma Femme et mon Parapluie* et créa *le Mari charmant*.

Les Voisins Vacossard, de Marc Michel. C'est dans cette pièce que l'ami *Heuzey* atteignit l'apogée du fou rire. — Cette création le fit engager aux Variétés.

La Chambre gothique, de Carmouche, pour laquelle *Victor Massé* composa une musique qui fit deviner le compositeur distingué que vous connaissez.

Il n'y a eu aux Folies-Dramatiques que deux ou trois chefs d'orchestre à citer — d'abord Couder, qui fut plus tard au Gymnase — il succédait à Adolphe Vaillard, qui passait à la Porte-Saint-Martin et fut remplacé par André Oray, qui faisait pour les pièces du répertoire une musique toujours agréable.

La Dame aux gobéas, parodie de *la Dame aux camélias*, de Cogniard frères, mit en relief Mlle *Duplessy*, qui passa au

Vaudeville ; *Brasseur*, un des artistes aimés du Palais-Royal, et *Henri Coutard*, qui repriit une série de rôles de manière à faire oublier ses devanciers.

La Grotte de la falaise, où deux belles jeunes filles, *Elisa Deschamps* et *Pauline Jarry*, faisaient assaut de gentillesse.

En 1853, *Ferville* vint donner aux *Folies* des représentations qui furent très-goûtées, il joua *Aînée et Cadette* et la *Lectrice*, avec ce talent magistral que tout le monde a pu apprécier.

Un Monsieur bien mis, de Rochefort, le créateur du journal *la Lanterne*, auquel il ne pensait certes pas à cette époque.

Dans *le Monsieur bien mis*, *Coutard* était ravissant. *Boisselot*, un acteur de talent, maintenant aux *Variétés*, et *Calvin*, une des nouvelles recrues du Palais-Royal, le secondaient au mieux.

Les Canotiers de la Seine, dont j'ai parlé plus haut.

Viv'la Joie et les Pommes de terre, de Henri Thiéry.

Laferrière et Mlle Duverger vinrent jouer avec un immense succès *la Dame aux camélias*.

Laferrière y créa encore *le Zouave de la garde*.

Thiéry avait aussi donné à l'ancien théâtre *En Italie ?* reproduction de la guerre contre les Autrichiens. Montrouge y fit une création très-remarquable d'un sergent autrichien. Puis *les Adieux au boulevard du Temple,* pièce charmante, dans lequel on remarquait surtout l'acte de la foire Saint-Laurent, qui était admirablement joué par Mlles *Amélie Leroyer* et *Kid.*

*
* *

Le théâtre des Folies-Dramatiques a été très-menacé pendant le siége de Paris ; il a reçu pour sa part quatorze obus, mais les braves sapeurs pompiers veillaient.

*
* *

Aussitôt après le départ de son prédécesseur, M. Cantin réunit la troupe des Folies et l'emmena à Londres où elle joua pendant deux mois son répertoire si amusant. Milher, Luce, Gatinais, Paola Marié et Blanche d'Antigny, guérirent du spleen plus d'un anglais. M. Cantin eut le rare mérite de rapporter à Paris ce que jamais aucun auteur français (sauf Hervé) n'avait obtenu en Angleterre :

Des droits d'auteur.

*
* *

Avant de s'embarquer pour Londres, M. Cantin avait loué les Folies-Dramatiques pour les trois mois d'été à son régisseur général, M. Huber, qui inaugura habilement sa direction intérimaire en diminuant de moitié le prix de toutes les places. M. Huber ouvrit par une reprise des *Fiançailles de Coquenpot*, auxquelles succédèrent quelques pièces du Palais-Royal jouées par les artistes de ce théâtre : *les Amours de Cléopâtre*, *la Chambre à deux Lits*, *le Meurtrier de Théodore*, etc., etc. Au mois de juillet, M. Huber lança une pièce dont le titre semblait bien trouvé pour braver la canicule. Malheureusement *Paris dans l'Eau* ne put lutter avec 35 degrés de chaleur... à l'ombre.

Ensuite, vinrent *les Femmes qui font des Scènes*. Cette pièce, la première de Ch. Monselet (musique de Hubans), obtint tout le succès qu'elle avait fait espérer.

*
* *

Le 1er août, M. Huber rendait le sceptre directorial à M. Cantin, qui faisait sa réouverture par *le Canard à trois becs* de Jules Moinaux, musique de Jonas. Le 17 octobre 1871 eut lieu la première représentation de *la Boîte de Pandore*, opéra-bouffe en trois actes, de M. Théodore Barrière (qui le croirait) et de Henri Litolff, qui avait fait une partition qui eut autant de succès que le libretto en eut peu malgré le concours des excellents interprètes, Mme F. Sallard en tête.

Bientôt après, première représentation d'une autre nouveauté : *la Tour du chien vert*, de M. Philippe Gille, musique de Duprato.

Cette opérette était une parodie à outrance des mélodrames de Victor Ducange et de Pixerecourt. Cette pièce ne se joua guère que 15 à 20 fois. Ce voyant, la direction eut recours aux reprises de *Chilpéric* et de *l'Œil crevé* pour avoir le temps de monter un autre ouvrage, à qui le guignon impitoyable réservait malheureusement le sort de *la Boîte* et de *la Tour*. *Mazeppa*, opérette en trois actes, de Chabrillat et Dupin, musique de Léon Pourny, n'eut pas le bonheur de contenter le public et la presse, dont l'indulgence n'est pas toujours le moindre défaut. *Mazeppa* n'en eut pas moins ses trente-cinq représentations, et M. Cantin affirmait tout dernièrement encore que cette pièce, montée avec soin, ne lui avait fait perdre, tous frais déduits, que *cent trente-trois francs*.

Vingt autres directeurs eussent été à jamais découragés par ces débuts trois

fois malheureux. Mais M. Cantin avait foi
dans sa bonne étoile, et en effet celle-ci
ne tarda pas à se montrer à son protégé
le jour de la première représentation de
l'opéra-bouffe en trois actes, de Clairville
et Busnach, musique de Litolff.

Héloïse et Abélard eut un très-grand
succès. L'interprétation confiée à Paola
Marié, Coraly Geoffroy, Toudouze, Milher, Luce, était parfaite de tous points.

Luce fut bientôt obligé de quitter son
rôle, il fut remplacé par Dupin (le Pomponnet de *la Fille Angot*), qui lui-même
fut remplacé par Dequercy.

La 104e fut attristée par la mort de
Luce ; cet excellent garçon n'avait que
trente-quatre ans. Rarement obsèques
d'artiste ont été aussi touchantes que
celles du pauvre Luce.

Malgré vent et neige, amis, confrères,
auteurs, tout le monde dramatique avait à
lui rendre les derniers devoirs.

Arrivés au cimetière dit de Cayenne,
au bout de la plaine Saint-Ouen, le jour
baissait déjà, la neige tombait en abon-
dance, couvrant du même linceuil les
tombes et le corbillard, les morts et les
vivants ; la fosse était là béante ; au moment où, après quelques paroles touchantes d'Alexis Bouvier, ami intime du
défunt, on mettait le cercueil en terre,
les choristes des *Folies* entonnèrent d'une

voix grave et recueillie un *De Profundis*....
Le lieu, le chant funèbre, le ciel et la
terre en deuil, tout cela aidant, nous
étions tous profondément émus en quittant le cimetière, et nous sommes bien
de l'avis du *Figaro*, qui disait le lendemain que rien n'était touchant comme de
voir une larme amie glisser sur tous ces
visages de comiques, que le public est
accoutumé à ne voir que riants et gais.

Dequercy reprit le rôle d'Abélard le
même jour que que Mlle *Lestrade* (un
nom prédestiné aux planches) remplaçait
Mlle Paola Marié, toujours malade, quand
une *première représentation* la réclame
ailleurs.

Le 13 février, première répétition à
l'orchestre, de *la Fille de Mme Angot*,
qui passera irrévocablement le 21 courant.
M. Lecocq devait voir son succès s'af-
firmer à Paris avant même qu'il fût épuisé
à Bruxelles ; on fonde de grandes espérances sur les femmes, en tête desquelles
il faut placer Mmes *Paola Marié* et *Desclauzas*.

Le 17 février — cent vingt-quatrième
et dernière représentation *d'Héloïse et
Abélard*. Nous constatons avec étonne-
ment que MM. les auteurs ont laissé passer
la *centième* et même la *cent vingt-quatrième* sans offrir le moindre souper à
leurs interprètes. Est-ce que ces Messieurs

n'auraient pas gagné assez d'argent avec *leur Héloïse !*

Le 18 février, représentation extraordinaire au bénéfice de M. Milher. Le spectacle se compose du deuxième acte *d'Héloïse et Abélard.* C'est le cas de dire UN SPECTACLE COUPÉ d'intermèdes par *Blanche d'Antigny, Kadoudja, Joseph Khelm, Vauthier* et *Mousseau, le Passé de Nichette,* par les artistes du Palais-Royal.

Les 400 femmes d'Ali-Baba, par les artistes des Folies-Marigny, avec le concours de *Mme Ugalde.*

Ce bénéfice est d'un piètre rapport pour l'étoile-mâle des *Folies.*

Le 19 et le 20 — répétitions — tout ce qu'il y a de plus générales de *la Fille de Mme Angot,* dont la première est retardée d'un jour pour cause d'indisposition de Dupin-Pomponnet.

Le 21 (*date mémorable !*)

Première représentation de :

La Fille de Mme Angot, opéra-comique en trois actes, de MM. Clairville, Siraudin et Koning, musique de M. Charles Lecocq.

En voici la distribution à Paris et à Bruxelles :

PERSONNAGES

	à Paris	à Bruxelles
Pomponnet	P. Dupin	Jolly
Ange Pitou	Mendasti	Mario Widmer
Larivaudière	Luco	Chambéry
Trénitz	Haymé	Touzé
Cadet	Vavasseur	Noé
Buteux	Heuzey	Durieu
Guillaume	Jeault	Ometz
Louchard	Legrain	Ernotte
Un Officier	Spech	Noé
Un Cabaretier	Arthur	
Un Incroyable	Martin	Berlaimont
Clair. Angot Mmes	Paola Marié	Luigini
Mlle Lange	Desclauzas	Desclauzas
Amaranthe	Toudouze	Delorme
Javotte	E. Jullien	Bourgeois
Thérèse	Minne	Loras
Cydalise	Fleury	Savigny
Manon	B. Gréty	
Mlle Ducoudray	Daubigny	Malleville
Herbelin	M. Dordan	Cardeu
Hersilie	Duvernay	Camille
Babet	Aliéry	Pauline

Forts de la Halle, Conspirateurs, Hussards, Incroyables, Bourgeois, Merveilleuses, Dames de la Halle, Bourgeoises.

Immense succès de première confirmé

par toute la presse. Tous les airs ont eu les honneurs du *bis*.

Peu de pièces ont autant passionné le public, peu de pièces ont éveillé la curiosité et ont fourni autant d'incidents que *la Fille de Mme Angot* pendant sa longue carrière, que nous allons retracer presque sous forme de *memento*.

Huit jours après, *le Chœur des conspirateurs* était aussi populaire à Paris qu'il l'était à Bruxelles, où on avait déjà parodié les paroles du triumvirat Clairville-Siraudin-Koning :

> Quand on transpire
> Par la chaleur
> On peut se dire
> Transpirateur !
> Tous les dimanches
> Il faut avoir
> Chaussettes blanches
> Et les pieds noirs.
> Pour tout le monde
> Il faut avoir
> De l'eau seconde
> Dans son mouchoir.

Les bons Belges ont trouvé ça tout seuls ; pour une fois, savez-vous ? c'est gentil !

M. Cantin, en directeur prévoyant, fit apprendre les rôles en double.

Pomponnet	échut à	Mousseau
Ange Pitou	—	Villars

Larivaudière	échut à	Péricaud
Clairette Angot	— Mlles	Gréty et Duvernay
Mlle Lange	—	Caroline Jullien
Amaranthe	—	Aliéri

*
* *

Ici trouve sa place l'incident *Victor Koning*, que nous rappellerons succinctement,

M. Cantin, ayant eu des discussions personnelles avec un des trois auteurs de *la Fille de Mme Angot*, M. Victor Koning avait, pour taquiner ce dernier, mis son nom sur l'affiche en plus petits caractères que ceux de ses collaborateurs Clairville et Siraudin.

La commission des auteurs dramatiques, informée de la chose, invita le directeur des Folies-Dramatiques *à comparoir* devant elle, à la séance du vendredi suivant. La commission, qui reçut M. Cantin, était présidée par M. Dumas fils, assisté de MM. Ed. About, J. Adenis, Ferdinand Dugué, Paul Féval, Ed. Gondinet, Halévy, Joncières, Maquet, Masson, Meilhac, Najac, Sauvage et Serret.

Au commencement de la séance, M. Siraudin vint, tant en son nom qu'en celui de M. Clairville, *protester énergiquement* contre le procédé employé par M. Cantin vis-à-vis de leur collaborateur.

Après cette déclaration catégorique, à laquelle il devait bien s'attendre (les loups ne se mangent pas entre eux), le directeur des Folies-Dramatiques n'avait plus qu'à se retirer, en promettant une réparation à M. Koning. En effet, pendant plusieurs jours, le nom de cet auteur parut sur les affiches eu caractères trois fois plus gros que ceux de ses collaborateurs. Cette fois M. Koning ne réclama pas.

*
* *

Au 13 mars, *la Fille de M*^me *Angot*, qui n'a encore que vingt jours d'existence, a produit net : 103,768 fr. 45 cent.

Le dimanche 23 mars, la famille d'Orléans, au grand complet, rend visite à *la Fille de M*^me *Angot*. C'est à se croire à une représentation de gala à l'Opéra. Les avant-scènes regorgent de têtes couronnées !

Le 12 avril, *cinquantième représentation de la Fille de M*^me *Angot*, M. Cantin constate que la pièce de **M. Koning** lui a fait encaisser la bagatelle de *250,000 fr.*

Fait sans précédent, pendant la *semaine sainte*, les recettes ne sont jamais descendues au-dessous de 5,000 francs, aussi est-ce le moment d'aller demander des billets de faveur aux Folies. Une réponse invariable congédie les quémandeurs. (Repassez dans six mois !)

*
* *

Assistent à *la* 55me *:* Mme la princesse de Metternich, MM. Pereire et de Hérissem.

Le bruit courant que, par suite de fin de bail, les propriétaires de l'Opéra-Comique veulent renvoyer MM. de Leuven et Du Locle pour prendre le plus heureux des directeurs actuels, celui des Folies-Dramatiques, *le Gaulois*, par la plume de M. Koning, propose à M. Cantin de faire jouer *la Fille de Mme Angot*, au théâtre de la place Favart avec la distribution ci-dessous :

Ange Pitou	Capoul
Pomponnet	Léon Achard
Larivaudière	Ismaël
Trenitz	Sainte-Foy
Mlle Lange	Mmes Carvalho
Clairette Angot	Galli-Marié
Amaranthe	Ugalde

M. Cantin riposte par l'exhibition de

ses bordereaux de recettes qui accusent invariablement 5,300 francs.

Le Gaulois ne trouve plus rien à répondre ; le 24 avril à la 62ᵉ il est beaucoup parlé de ce pauvre Luce dont le mobilier a été vendu il y a deux jours à l'hôtel Drouot.

Dans un lot de brochures et de partitions se trouvait la pièce d'*Héloïse et Abélard*, sa dernière création. — Nous avons lu sur la première page de cette brochure achetée par un bouquiniste des quais une curieuse dédicace de la main des auteurs, où ceux-ci s'excusent du tort qu'ils ont causé à leur interprète auprès des dames et qui se termine par un remerciement de les avoir aidés à *réhabiliter* ce héros de l'amour malheureux, *Abélard* réhabilité par Clairville.

*
* *

Si cela continue, *la Fille de M*ᵐᵉ *Angot* aura eu, elle aussi, son *parterre de rois*.

Il y a huit jours, c'étaient le roi de la finance, Rothschild, et le roi du Conservatoire, Ambroise Thomas. Hier, l'ex-reine d'Espagne Isabelle occupait une avant-scène.

*
* *

Le 3 mai, un nouveau deuil vient encore attrister le personnel des Folies-Dramatiques.

La joyeuse commère, qu'on appelait familièrement maman Thierret, vient de mourir.

Depuis *Mazeppa*, elle jouait aux Menus-Plaisirs. Qui sait si sans elle *la Cocotte aux Œufs d'Or* et *la Mariée de la rue Saint-Denis* aurait eu près de quatre-vingts représentations.

Elle fut peu de temps malade.

Nous commençons par dire que nous ne sommes pas superstitieux ; nous pouvons par conséquent dédier l'historiette suivante aux gens qui n'osent pas dîner quand on est treize à table.

A l'issue d'une représentation de *la Mariée de la rue Saint-Denis*, Mlle Lasseny invita quelques camarades à souper chez elle. La mère Thierret était, bien entendu, au nombre des invités. Au moment de se mettre à table, on s'aperçut qu'il y avait treize convives. Comment faire pour remédier à ce *malheur ?* A une heure et demie du matin il est difficile d'emprunter le le fils ou la fille de son portier pour faire le quatorzième convive. La mère Thierret calma toutes ses camarades dont l'imagination s'était frappée. « *C'est moi qui suis la plus vieille*, dit-elle, *c'est donc à moi de partir la première, vous ne devez pas vous tracasser.* »

Le souper s'acheva gaiement. Trois jours après Mme Thierret se mettait au lit, et dix jours plus tard elle était morte.

C'est à la Comédie-Française que Mme Thierret avait débuté en 1832, mais c'est au Palais-Royal, puis au Bouffes-Parisiens qu'elle obtint ses meilleurs succès. Elle excellait dans cette sorte de monologue qui tient de la conférence et qui s'adresse directement au public. Quand elle frappait sur sa poitrine en s'écriant : « Ma parole d'honneur ! » un rire énorme accueillait toujours cette exclamation. Sa plus célèbre tirade est demeurée celle de *l'Ile de Tulipatan*.

On demandait à la maman Thierret :

— Est-ce que vous ne songez sas à rentrer au Théâtre-Français?

— Oh! si fait! j'y songe souvent... Mais par où?... La porte est si étroite!...

* *
*

Aujourd'hui, 5 mai, M. Cantin vient d'accorder un congé illimité à la buraliste qui n'est pas chargée de la location.

C'est bien naturel. Depuis soixante-treize jours que *la Fille Angot* tient l'affiche, le bureau qui délivre des places au public à sept heures et demie du soir n'a pas encore été ouvert une seule fois, tout étant loué à l'avance. A la soixante-quinzième les auteurs faisaient sonner leurs goussets ; M. Brandus, l'éditeur de la partition, venait de leur payer le dernier à-compte de leur œuvre. Or, la partition de M. Lecocq était payée 15,000 francs.

La Fille de Mme Angot fait plus d'argent que *la Juive* et *les Huguenots*, — Pour s'en convaincre, il suffit de comparer les recettes mensuelles des principaux théâtres, dans le mois d'avril, par exemple :

Folies-Dramatiques	150.417	85
Opéra	128.803	60
Théàtre-Français	124.839	10
Opéra-Comique	116.115	50
Gaîté	104.302	»
Gymnase	94.927	50
Palais-Royal	80.156	»
Variétés.	72.845	50

Les Folies font 21,614 francs de plus que l'Opéra !

Qu'est-ce que cela prouve ? Simplement que le public aime à rire.

L'ombre de feu Mourier doit tressaillir d'aise tous les soirs.

Mais nous nous demandons aussi ce que l'ombre dudit Mourier doit penser de l'acte de générosité de son successeur, M. Cantin, qui a déporté hier dix billets de 1,000 francs à l'association des artistes dramatiques en exprimant le désir que les

500 francs de rente produits par cette somme fussent affectés tous les ans au soulagement de l'infortune la plus intéressante.

Le 19 mai, le généreux directeur reçoit une dépêche qui lui annonce que *la Fille de M*ᵐᵉ *Angot* vient d'être jouée au *théâtre Saint-James*, de Londres, avec un succès colossal. — Toute la musique a été bissée. Au dire du *Figaro*, un gommeux anglais aurait payé une petite loge... 7 guinées, soit 182 francs.

Eh! eh!... on commence à parler du souper de la centième. — A ce sujet M. Cantin se fait déjà beaucoup d'ennemis, d'abord parce qu'il gagne beaucoup trop d'argent, ensuite parce qu'il est obligé de refuser à tous ses amis des invitations pour le fameux souper.

Pourtant si les demandeurs deviennent trop pressants, les plus enragés seront admis dans la salle et pourront voir les invités...

Le 24 mai, aux Folies-Dramatiques, se passe comme se sont passés tous les autres jours.

La recette ne baisse pas d'un centime.

Un seul incident distrait l'attention du public. Au beau milieu du 3ᵉ acte, un *titi* s'est mis à crier : *Thiers qu'a donné son compte!*

Personne ne comprenait tout d'abord,

puis d'autres *titis* ont crié : *A bas le réac!*

On commence à parler au théâtre et dans les journaux de la pièce qui aura l'honneur de succéder à *la Fille de Mme Angot*.

Quel est l'auteur assez sûr de lui pour satisfaire pleinement le public après un succès pareil?

Ce devait être *Fleur de baiser*, l'œuvre d'un inconnu, un miroitier du faubourg Saint - Antoine , M. Alexandre Vasseur, l'auteur de *la Timbale,* devait faire la musique, mais la direction a peur de l'inconnu, ce sera donc, selon toute probabilité, *la Fiancée du roi de Garbe*, opéra-comique en quatre actes, de MM. d'Ennery et Chabrillat, musique de Henri Litolff.

*
* *

C'est décidé, il aura lieu.

Les invitations pour la *centième* de *la Fille de Mme Angot* viennent d'être lancées. M. Cantin a beaucoup de goût; les cartes dessinées par Luco-Larivaudière sont charmantes. De chaque côté de la carte se trouvent les portraits en pied de Mlles Paola Marié et Desclauzas faisant sauter, au bout de ficelles, les autres artistes comme des pantins ; au milieu est libellée l'invitation en ces termes :

M. Cantin prie M.   de lui faire

l'honneur d'assister au souper qui sera donné, aux Folies-Dramatiques, le 1er juin après la représentation, à l'occasion de la *centième* de *la Fille de M*me *Angot.*

SOUPER

DE LA 100me

DE

LA FILLE DE Mme ANGOT

« Sur le théâtre des Folies
« Nous étions quatre-vingts soupeurs, »

C'est le verre en main, à la suite d'un excellent souper servi par Brébant, qu'a été fêtée la centième de *la Fille de M*me *Angot,* cette amusante opérette, qui est plus que jamais en pleine voie de succès. Chose curieuse, la plus forte recette depuis le début s'est trouvée être celle de la centième. Ce soir-là, M. Cantin a encaissé 5,354 francs, un chiffre qui n'avait jamais été vu aux Folies-Dramatiques.

Le total des cent représentations donne le chiffre fabuleux de 512,507 fr. 45 cent.

Le directeur des Folies a bien fait les choses : en dehors du souper offert aux artistes et à la presse, il a accordé une gratification d'un demi-mois d'appointements à tout le personnel de son théâtre, aussi bien aux interprètes de *la Fille de Mme Angot* qu'aux artistes à qui ce succès fait un doux repos. Cette gratification sera payée le 4 courant, à la caisse des Folies.

Mais revenons au souper, qui a été on ne peut plus gai.

La table en fer à cheval, dressée sur la scène, dans le décor du deuxième acte, comprenait quatre-vingts couverts.

Côté des hommes : *MM. Cantin, Clairville, Siraudin, Koning, Monselet, Arnold-Mortier, Gouzien, Emile Blavet, Saint-Albin, Prével, Réty, Boyer, Vanloo, Mendel, Oswald, Dupeuty, H. Nazet, Busnach, Duval, Jennius, Dubreuil, Laffite, Meyer, Leguevel de Lacombe, Delilia, Masson, le peintre Zara, les artistes, les contrôleurs du théâtre*, etc., etc.

Côté des dames : *Mmes Paola Marié, Desclauzas, Raphaël, Duvernay, Toudouze, Gérardin, Grety, Delorme, Tassilly, Caroline-Jullien, Léa, Alphonsine*, etc., etc.

Le souper a commencé à une heure.

Deux invités manquaient à ce festin : Lecocq, retenu chez lui par un deuil de famille, et Grévin, indisposé. Tous deux se sont excusés par lettre.

Pendant le souper, l'orchestre des Folies-Dramatiques, dirigé par son excellent chef, Thibault, a joué la musique

de danse faite sur les motifs de *la Fille
Angot:* quadrilles, valses, polkas ont mêlé
leurs joyeux accords au cliquetis des ver-
res, au bruit des bouchons de champagne
qui sautaient à tout instant. Ajoutez à cela
des fusées de mots, des bouquets de re-
parties ; un vrai feu d'artifice d'esprit qui
a duré toute la nuit.

Au dessert M. Clairville a dit naturelle-
ment des couplets de circonstance qui
ont été fort applaudis.

Après avoir chanté le succès de la pièce,
les paroliers, le compositeur, M. Clairville a pris les assistants à partie.

Voici quelques extraits de cette improvi-
sation :

Maintenant se lève la toile,
Aux artistes, pour commencer,
Desclauzas, à toi, notre étoile,
Toi que nous vîmes cadencer,
Minauder, sourire et valser.
Non, parmi les plus gracieuses,
Jamais on ne vit, selon moi,
Même au beau temps des merveilleuses,
De merveille semblable à toi.

A Paola, nature étrange,
Ange et démon tout à la fois,
Et même un peu plus démon qu'ange,
Que va dire ma faible voix !
Il me semble quand je la vois,

En fille Angot si naturelle,
Qu'on serait heureux à jamais
De s'entendre eng...ueuler par elle
Et pouvoir l'embrasser après.

Le directeur — oh ! bigre, ah ! diable !
Me ranger parmi ses flatteurs !
Qu'importe, il faut à cette table,
En dépit de ses détracteurs,
Le nommer roi des directeurs !
Car le meilleur, le plus capable,
Enfin, le plus intelligent,
C'est toujours, c'est indiscutable,
Celui qui fait le plus d'argent.

Et notre éditeur que j'oublie,
Lui qui, débitant tout en bloc,
Répand, prodigue, multiplie
Tous les chefs-d'œuvre de Lecocq,
Oui, des éditeurs, c'est le coq !
Mais, à cause des droits qu'il pince
Je ne veux pas le louanger.
Il en touche trop en province,
Et nous prend tout à l'étranger.

La fête s'est terminée par un bal improvisé, qui a duré jusqu'à quatre heures du matin.

On s'est séparé en se disant : *à la deux-centième.*

La *cent-unième* se signale par deux débuts, dont l'un prévu d'avance. Par

suite du départ de Mlle Desclauzas pour
Londres,· le rôle de Mlle Lange est repris
par Mlle Raphaële (un nom prédestiné
pour le rôle), à qui le public fait, le premier soir, un accueil de bon augure.
L'autre début n'a d'autre cause que le
souper de *la centième*. Mlle Paola, ayant
pris froid en quittant le théâtre, a fait prévenir dans la matinée qu'elle ne pourrait
chanter le soir. Elle doit donc être rem-
placée pour deux ou trois jours par
Mlle Duvernay, une gentille et intelligente
petite artiste, juste de la taille de Paola,
qui s'est fort gaillardement tirée de cette
tâche difficile. Du reste, dans toute la
troupe, on se ressentait des folies de la
nuit, on avait, comme on dit vulgairement
(mal aux cheveux). Le ténor Dupin a lutté
toute la soirée contre un enrouement nais-
sant. Seul, Vavasseur avait conservé
toute la pureté de son timbre.

104me

M. Mousseau joue Pomponnet à la place
de Dupin, malade, et le ténor Villars
succède à M. Mendasti dans Ange-Pitou.

106ᵐᵒ

Ce soir M. Cantin a convié quelques journalistes à venir juger quelques-uns des nouveaux interprètes qui ont succédé à Dupin, Mendasti, Desclauzas et Paola Marié.

Différents bruits couraient sur l'absence continue de Mlle Paola, éloignée des Folies depuis le fameux souper de *la centième*, la gentille Clairette a rassuré le public, ses camarades et surtout son directeur, par l'envoi de la lettre ci-dessous, à M. Dupeuty, de *l'Evénement*.

Paris, 9 juin.

« Mon cher Monsieur Dupeuty,

« Quelques journaux ont annoncé que je devais quitter le théâtre des Folies-Dramatiques; permettez-moi d'avoir recours à votre obligeance pour rectifier cette erreur.

« Après l'accueil si bienveillant que Paris a fait à la petite Bertrade dans *Héloïse et Abélard*, franchement *la Fille Angot* serait une ingrate si elle allait chercher le succès ailleurs. Si mon nom a momentanément disparu de l'affiche, c'est tout simplement parce que, fatiguée par les cent premières de notre pièce, j'ai eu besoin de quelques jours de repos, mais je profite de cette occasion pour vous prier d'annoncer que je reprendrai mon rôle de Mlle Angot, *jeudi prochain*.

« Agréez avec mes remerciements,

« PAOLA MARIÉ. »

Malgré cette lettre quelque peu *réclame*, tout le monde resta convaincu que Clairette n'en avait pas moins rêvé d'aller jouer au Caire, mais que la perspective du MAL DE MER l'avait fait réfléchir.

109me

Dépêche communiquée par *l'Evénement*.

Londres, lundi soir, 11 heures.
Dupeuty, *Evénement*,
10, boulevard des Italiens.

« *Desclauzas-Lange, débuts ce soir dans Angot. — Salle comble. — Succès de femme et d'artiste. Déjà deux rappels au deuxième acte.*

« PAUL B... »

Recettes encaissées par les principaux théâtres de Paris pendant le mois de mai.

Opéra	138.768	25
Français	114.860	»
Opéra-Comique	109.100	75
Folies-Dramatiques	**159.460**	**65**
Variétés.	104.539	50
Odéon	63.592	50
Gymnase	54.532	50
Palais-Royal	68.788	»
Vaudeville.	45.560	»
Bouffes-Parisiens.	35.361	»

On le voit, comme le mois d'avant, c'est encore le théâtre des Folies-Dramatiques qui arrive *beau premier*, ce M. Cantin, quel *Boyard!*

Luco invenit.

*
* *

Depuis quelques jours il n'est question que de la représentation qu'on doit donner au bénéfice de *Frédérick Lemaître*, qu'une vente par autorité de justice a réduit à la dernière infortune, c'est M. Henri de Lapommeraye, l'éminent conférencier, l'aimable et spirituel critique qui a pris l'initiative de cette représentation, qui sera donnée à l'Opéra et sera composée comme suit :

1º Ouverture de *Guillaume Tell;*

2° Causerie de Paul Féval, sur les
créations de Frédérick-Lemaître;

Don César	Frédérick
Don José	Henri Luguet
	(du théâtre de St-Pétersbourg)
Le capitaine	P. Deshayes
Maritana	Mmes Ugalde
Lazarille (travesti)	Sar.--Bernhardt

3° Premier acte de *Don César de Bazan* ;
4° *Les Précieuses Ridicules*, par Coque-
lin aîné, Mmes Ponsin, Dinah Félix.
5° Quatrième acte des *Huguenots*, avec
Villaret et Mme Gueymard ;
6° La grande curiosité, *autorisée pour
cette fois seulement,* du troisième acte de
la Fille de Mme Angot, dans lequel seront
intercalés : *la ronde de Mme Angot*, le
Chœur des Conspirateurs, la Fricassée,
dansée par tous les artistes et le ballet
de l'Opéra.

*
* *

Constatons avec *le Figaro* que les petits
cadeaux entretiennent l'amitié, et que les
gros ne lui font pas de mal.

M. Cantin, non content d'avoir donné
à la société des artistes dramatiques une
somme de 10,000 francs et une gratifica-

tion de 14,000 francs au personnel de son théâtre, aujourd'hui tout ce personnel, qui s'était cotisé à l'insu du directeur, vient d'acheter une ravissante réduction en bronze du *Chanteur Florentin*, de Dubois, et d'en faire présent à M. Cantin. L'inscription suivante est gravée sur le socle :

A M. CANTIN.

Le personnel des Folies-Dramatiques, souvenir de la *Fille de Mme Angot*.

L'avant-veille, le même M. Cantin, ne sachant comment témoigner sa satisfaction à sa jeune diva Paola, et supposant qu'une gratification pécuniaire était insuffisante, lui avait donné deux Corot achetés récemment à l'Hôtel-des-Ventes. N'est-ce pas, que voilà un théâtre où l'amitié est diablement bien entretenue.

*
* *

Le 17 juin. — Nous lisons dans *l'Evénement* :

Dernière heure

Il paraît qu'en dehors de la question

d'Orient et de la question sociale, il y a encore un petit point noir à l'horizon : nous avons la question *Angot*.

Tout le clan des musiciens sans verve et sans talent (et ils sont nombreux) s'est ému de voir *la Fille Angot* sur l'affiche de l'Opéra et d'entendre la joyeuse musique de Lecocq, au bénéfice de Frédérick Lemaître.

Des demandes incessantes ont été faites au ministère pour faire interdire cette partie attrayante du programme, et hier soir le ministre a fini par céder : *la Fille Angot* ne déshonorera p as les planches de l'Opéra !

Le bénéfice de Frédérick aura lieu dans une huitaine *aux Folies-Dramatiques*. Tamberlick (oui, Tamberlick!) a voulu se charger de toute la partie musicale. Il chantera soit le duo *d'Othello*, dès qu'il se sera assuré le concours d'un grand baryton, soit le trio de *Guillaume-Tell*, s'il peut avoir une basse digne de l'ensemble.

Enfin, Tamberlick a mis comme condition de chanter en français et en costume.

Tamberlick, du reste, est récidiviste en fait de bonne action. — C'est lui qui alla chanter au *théâtre des Batignolles* le duo *d'Othello* avec Corsi au bénéfice d'un jeune acteur tombé au sort et seul soutien de sa mère infirme.

......Pour le but sacré qui nous excite
Ils ont osé sortir des vulgaires sentiers,
Lorsque la charité fière nous sollicite,
Elle est impérieuse et nous veut tous entiers.
Et ce n'est point assez, quand cet ange nous prie
Pour fêter l'art tantôt mourant, tantôt vainqueur,
Donner sa pitié, son obole attendue!
Et le chant de sa lyre... on apporte son cœur.

Th. de BANVILLE.

*
* *

M. Cantin, s'étant assuré le concours de Tamberlick, fit insérer dans plusieurs journaux une lettre dans laquelle il disait: l'Opéra refuse *la Fille de M*^me *Angot, Tamberlick, qui à lui seul, vaut tout l'Opéra*, ne refuse pas de chanter au théâtre de la Fille Angot. Cette lettre fit avorter les beaux projets de M. Cantin; car le 22 juin, M. Tamberlick est venu demander à l'*Evénement* l'insertion de la lettre suivante, insertion que ce journal n'a pas osé lui refuser, malgré le regret réel qu'elle va causer à tous.

Paris, 24 juin 1873.

Monsieur le directeur de *l'Evénement*, voulez-vous avoir la bonté d'accueillir la communication suivante :

*A Mesdames et Messieurs les Artistes
de l'Opéra.*

Voici la lettre que j'ai adressée lundi 23
à M. le directeur des Folies-Dramatiques.

Monsieur Cantin,

« Après lecture de la lettre que vous
avez fait insérer dans *l'Evénement*, il
m'est impossible de prêter mon concours
à l'œuvre de bienfaisance que vous aviez
projetée.

« Recevez, etc. »

« Je ne pouvais laisser passer sans pro-
testation les termes blessants adressés à
des artistes dont le talent et le caractère
sont à l'abri de toute atteinte et avec les-
quels j'ai toujours eu les meilleurs rap-
ports.

« Recevez, mes chers camarades, l'assurance de ma plus haute estime.

« E. Tamberlick.»

Cette polémique aurait dû s'arrêter devant l'infortune de Frédérick Lemaître et
devant la publicité d'affiches acceptées
par M. Tamberlick pendant deux jours
mais point, M. Cantin faisait insérer
le 26, dans *l'Evénement*, une autre lettre
qui se terminait ainsi :

« Donc j'ai dit que Tamberlick égalait les artistes de l'Académie ; j'ai eu tort ; il paraît qu'il ne les égale plus, c'est lui qui l'atteste. J'ai dit qu'il avait encore beaucoup de talent et autant de cœur, j'ai eu tort, c'est lui qui le dément.

« N'en parlons plus ! et attendons patiemment que *la Liberté* organise sans doute pour réparer le tort qu'elle a fait à Frédérick, qu'on me semble un peu oublier au milieu de tous ces incidents...

« Tout à vous,

« CANTIN. »

Tamberlick à répondu à la lettre de M. Cantin. Il a envoyé mille francs à Frédérick-Lemaître.

Le soir de la *140e*, après la représentation, la *Fille de Mme Angot* se transporte, elle, son 3e acte et ses interprètes par une pluie battante aux Variétés, pour concourir au bénéfice de MM. Munié et Colson, artistes du Vaudeville,

Le dimanche 13 juillet, jour de la grande

fête en l'honneur du Shah de Perse (courses à Longchamps, illuminations, feux d'artifice au Trocadéro, retraite aux flambeaux), alors que tout Paris est aux Champs-Élysées, alors que M. Billion compte vingt-trois spectateurs endormis dans la salle de l'Ambigu, *la Fille Angot* fait 1,464 francs de recette.

*
 * *

Le jour de la représentation donnée à l'Opéra en l'honneur du Shah de Perse, les plus heureux d'entre les Rouennais voyaient apparaître pour la première fois sur la scène de leur Théâtre-Français la *Fille de Mme Angot* qu'on leur avait annoncée depuis quelques jours et qu'ils attendaient avec une impatience fébrile. Mlle Zulma Bouffar avait fait venir tout exprès de Paris Mme Loisel, la coiffeuse modèle, pour qu'elle présidât à la pose de sa perruque blonde.

La Fille de Mme Angot a réussi à Rouen comme à Paris, comme elle réussira du reste partout.

Tous les morceaux chantés par Zulma Bouffar ont été bissés. La représentation terminée, la spirituelle artiste a reçu ce compliment du compositeur Lecocq :

« Mademoiselle, vous êtes la Clairette de mes rêves ! »

Ce compliment devait rendre jalouse la Clairette de Paris, Mlle Paola Marié. Nos lecteurs verront plus loin les lettres échangées entre ces demoiselles.

**\
*

A la même époque chassé-croisé de régisseurs :

1° M. Huber, régisseur général des Folies-Dramatiques, quitte ce théâtre pour remplir les fonctions d'administrateur général aux Folies-Bergères ;

2° M. Sévin, régisseur général à l'Ambigu, vient remplacer M. Huber aux Folies-Dramatiques.

3° M. Michel Bordet remplace M. Sévin à l'Ambigu.

*\
**

L'article paru dans le *Figaro* (et qu'on attribue non sans raison à M. Victor Koning) sur la première de *la Fille de Mme Angot* à Rouen, a fait grand bruit dans le landernau des Folies-Dramatiques. Le compliment du compositeur Lecocq à Zulma-Bouffar : Mademoiselle, vous êtes la Clairette de mes rêves, a notamment causé beaucoup de chagrin à la pauvre Paola Marié, et M. Lecocq paraît regretter aujourd'hui de n'avoir pas trouvé une autre formule de compliment.

Voici deux lettres qui sont le signal d'une polémique bien faite pour divertir les lecteurs du *Figaro* qui les publie.

« Mon cher Monsieur Prével.

« Vous avez publié, à propos d'une actrice qui joue MON rôle en province, un article assez désobligeant pour moi, je n'ai rien à redire à votre appréciation personnelle sur mon talent; mais je suis heureuse au moins de vous communiquer la lettre ci-jointe que M. Lecocq m'a adressée aussitôt et que je considère comme une compensation suffisante.

« Tout à vous,

« PAOLA MARIÉ. »

« Ma chère Paola,

« Je vous assure que je ne suis pour rien dans la rédaction de l'article paru dans *le Figaro*. J'ai pour principe de ne jamais envoyer de note aux journaux.

« J'ai fait à Mlle Bouffar les compliments qu'elle méritait pour la manière charmante dont elle aussi a joué le rôle de Clairette, mais je n'ai établi aucune espèce de comparaison entre vous deux. En présence du succès que vous avez et du dévouement que vous avez mis à jouer la pièce cent fois de suite, il serait du plus mauvais goût de contester aucune de vos qualités.

« La rédaction de l'article en question reste donc tout entière à M. Prével.

« J'ai tenu à vous écrire ce petit mot et à vous donner une nouvelle assurance des sentiments d'amitié et de reconnaissance que j'ai pour vous et que vous méritez si bien.

« Votre tout dévoué,

« CH. LECOCQ. »

15 juillet 1873.

M. Prével fait remarquer avec beaucoup de justesse que la Clairette bruxelloise, Mlle Luigini, qui a créé ce rôle avant Paola Marié et Zulma Bouffar, aurait bien le droit d'être froissée à son tour de voir Mlle Paola écrire en parlant du personnage de Clairette « MON rôle », ce MON n'est pas d'une petite partageuse.

De tout cela que ressort-il, ajoute M. Prével ?

C'est qu'il serait plus facile de réconcilier l'extrême gauche avec l'extrême droite qu'il n'est aisé a un journaliste d'écrire deux lignes sans froisser les vanités toujours en éveil de messieurs les comédiens et de mesdemoiselles les comédiennes.

L'incident *Paola-Marié, Zulma-Bouffar, Charles Lecocq*, inspira à un Rouennais le triolet suivant, qui clot définitivement les débats :

A Mlles CLAIRETTE-MARIÉ ET ZULMA-ANGOT.

> Entre ces deux Clairettès-là
> L'envie a fait briller les glaives
> Mais comment mettre le hola
> Entre ces deux Clairettes-là ?
> Mon idéal est Paola ;
> Zulma c'est l'ange de mes rêves.
> Entre ces deux Clairettes-là,
> L'envie a fait briller les glaives.

Le lundi 21 juillet.

150^{m.e}

représentation de *la Fille de Mme Angot*. Malgré son chiffre éloquent, cette représentation se passe sans incident aucun. Ni auteurs ni directeurs ne semblent se douter de ce qu'on attend d'eux, on verra bien à la 200me.

*
* *

Allons, bon, nous en étions sûrs; l'affaire ne pouvait pas en rester là! La poste apporte de Rouen, au *Figaro*, une lettre de Mlle Zulma-Bouffar, qui désire, elle aussi, dire son mot.

Prével, seul, ne la trouve pas mauvaise, la prose de ces dames lui procure de la copie.

Rouen, 20 juillet.

« Mon cher Monsieur Prével,

« On est bien bon de faire tant de bruit autour de mon nom à propos de la représentation de *Mme Angot* à Rouen. Je trouve, permettez-moi de vous le dire, que l'incident tourne au comique (nous dirions nous à *la scie!*).

« D'un côté je vois M. Lecocq très-embarrassé pour maintenir les compliments qu'il m'a adressés ici le soir de la première. Puisqu'il y va de *ses intérêts*, je m'empresse de les lui restituer.

« D'un autre côté, Mlle Paola Marié me

PHOTOGRAPHIE GASTON et MATHIEU
40, BOULEVARD BONNE-NOUVELLE

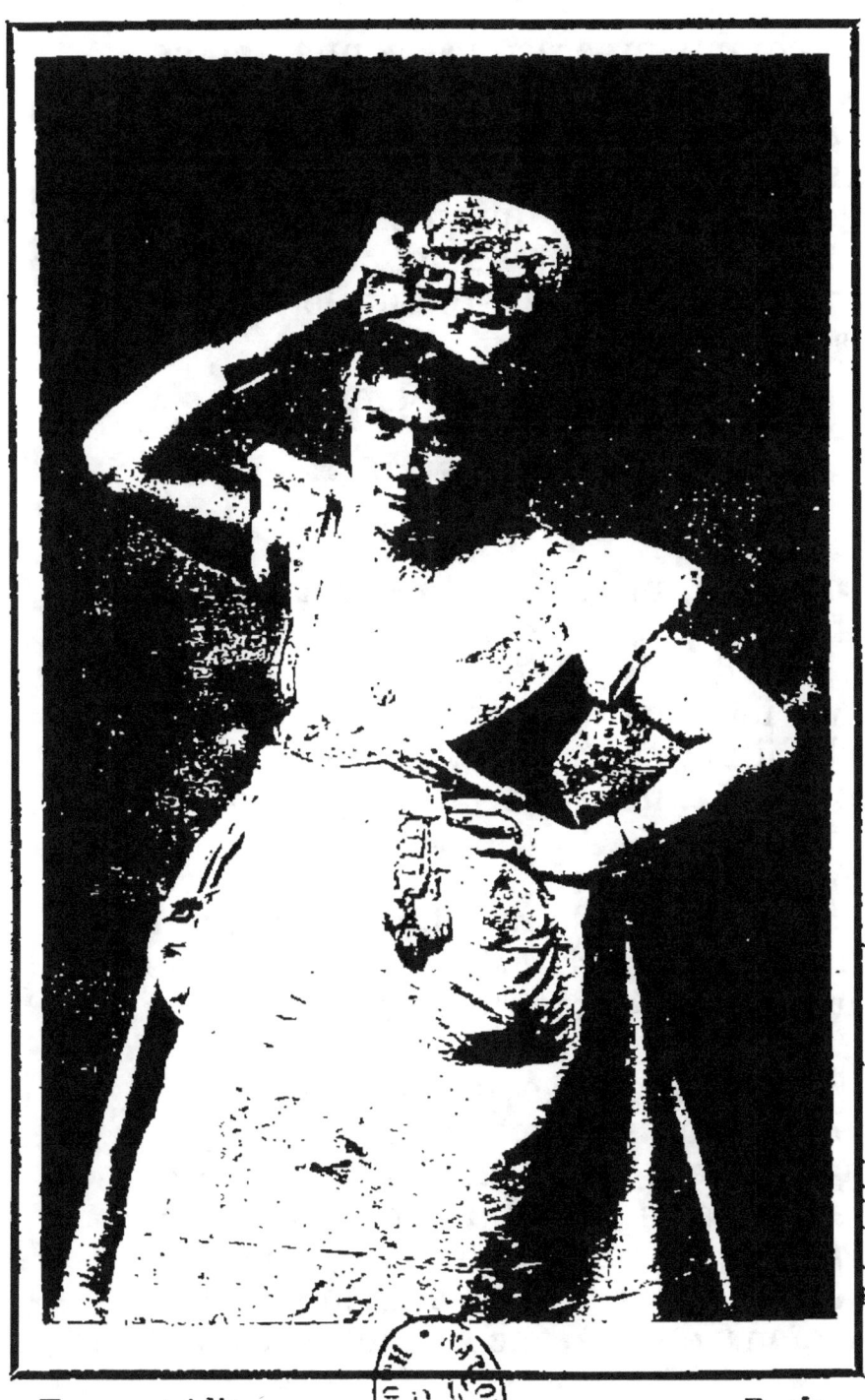

TRESSE, éditeur.   Paris.

désigne comme une *actrice* venue on ne sait d'où, qui s'est permis de porter une main sacrilége sur **son** *rôle* en province. Mettons que je n'aille pas à la cheville de Mᴵˡᵉ Paola Marié, ce qui n'est pas bien haut, et n'en parlons plus.

« Croyez-vous qu'ainsi tout le monde soit d'accord.

« Recevez mes meilleures amitiés.

« Z. Bouffar. »

Et de trois ! ! !

Autre orage, mais cette fois aux Folies-Dramatiques. Au commencement du troisième acte de *la Fille de Mᵐᵉ Angot*, Paola Marié venait de chanter avec son succès habituel son premier couplet. Puis, caprice de femme, avait supprimé le deuxième.

Le public s'est fâché.

Le fort de la halle qui doit lui donner la réplique a essayé de continuer, mais malheureusement voici le texte de ce qu'il a à dire :

« *Citoyens, on se moque de nous.* L'allusion était trop facile à saisir, et le public l'a tellement mise en pratique que la représentation, interrompue pendant près de *cinq minutes*, n'a pu être reprise que lorsque Paola Marié a reparu en scène.

Seulement elle a encore lutté, et n'a

voulu que répéter le premier couplet au lieu de chanter le second.

Gentille, charmante, Mlle Paola, mais se fichant un peu trop du public.

Pour un oui pour un non l'étoile de la rue de Bondy ne joue pas, pour une migraine, vite une bande sur l'affiche pour annoncer qne Clairette ne chantera pas.

Passe-t-il quelque mauvais papillon par sa blondine tête, un signe dédaigneux fait au chef d'orchestre annonce que Clairette ne daignera pas bisser tel ou tel morceau.

Tout cela est fort gentil, fort enfantin, et dit assez que Clairette n'est qu'une enfant gâtée, mais le public doit-il être la victime de ces puérils enfantillages?

Un soir, après avoir fait sa figure, et au moment d'entrer en scène, elle déclare qu'elle ne chantera pas, et, *sans prévenir le régisseur* quitte le théâtre.

On avertit le commissaire de police pour qu'il constate la fugue de Mlle Paola Marié, et l'on fait une annonce que le public reçoit assez mal, et un formidable: *Elle se fiche de nous*, s'échappe de toutes les bouches.

170me

Mlle Paola Marié continue ses mutineries.

Hier encore, au moment de lever le rideau, elle a annoncé qu'elle ne chanterait pas. Que faire ? la mettre à l'amende. C'est ce qu'on a fait, mais la diva est incorrigible.

Dans un seul mois Clairette a trouvé moyen de se faire remplacer *vingt et une fois !*

164me

L'excellent Luco-Larivaudière, qui n'avait pas encore manqué une seule fois jusqu'à ce jour, se voit forcé, par indisposition, de céder son rôle pour quelques jours à son camarade Péricaud.

Luco prie en ses termes son directeur de vouloir bien le remplacer :

« Impossible de jouer ce soir. Quatorze sangsues se disputent l'honneur de boire mon sang... Elles se pochardent abominablement avec ce liquide précieux. »

180me

Luco reprend son rôle. Péricaud est recondamné à un repos qui menace de se perpétuer.

183me

Mlle Paola Marié prend un congé. Le rôle de Clairette a désormais pour interprète Mlle Blainville.

*
* *

Recettes des principaux théâtres pendant le mois d'août :

Opéra..	110.845
Français..	49.160
Opéra-Comique..	47.246
Vaudeville.	15.418
Variétés..	48.222
Gymnase.	18.610
Palais-Royal.	41.084
Folies-Dramatiques.	**120.725**

Mardi 9 septembre.

200me

DE

LA FILLE DE Mme ANGOT

Ce jour-là (si attendu!) M. Cantin, assis dans son bureau, sur une pile de 800 sacs, contenant chacun 1,000 francs

en sous, a fait venir ses pensionnaires et
son personnel devant lui, et leur a tenu
à peu près ce langage :

« Mes enfants, vous vous attendez peut-
être à un souper comme le soir de la
centième. Eh bien, vous vous trompez!
Si nous soupions aujourd'hui il n'y aurait
pas de motif pour ne pas souper tous les
jours! Non, il faut se montrer raisonna-
ble.... Ne craignez rien, nous souperons
à la *cinq-centième*.

Et Pomponnet, confus, se retira bras-
dessus bras-dessous avec Mlle Lange et
Clairette Angot, les autres les suivirent,
imitant leur silence.

Les deux cents premières représentations de *la Fille de Mme Angot* ont produit la somme colossale de 911,713 fr., ce
qui fait une moyenne de 4,558 fr. 55 c. 1/2
par soirée.

C'est prodigieux, et les annales théâtrales
n'ont pas encore enregistré pareille chose.

Veut-on connaître maintenant la part
du directeur dans ce royal gâteau?

Les auteurs ont touché	91.171	30
L'assistance publique, pour le droit des pauvres.	91.171	30
Les frais journaliers se sont mon- tés à	160.000	»
On a dépensé pour monter la pièce.	7.000	»
Dons, soupers, gratifications. . .	25.000	»
TOTAL. . .	374.342	60

Déduisez cette somme des 911,713 fr. de recettes, il reste à M. Cantin 537,370 fr. 40 c. de bénéfices nets pour sept mois d'exploitation !

203ᵐᵉ

Deux débuts. Celui de M. Raoult dans le rôle d'Ange Pitou, et celui de M. Branciard dans celui de Pomponnet.

211ᵐᵉ

Mousseau reprend Pomponnet. Ce jour-là grande nouvelle. M. Cantin vient d'engager M. Sainte-Foy de l'Opéra-Comique, qui débutera aux Folies dans *la Fiancée du roi de Garbe*, l'opéra qui doit décidément succéder à *la Fille Angot*. M. Sainte-Foy est engagé pour cinq ans.

De premier qu'il était toujours sur l'affiche, M. Milher va passer second !

213ᵐᵉ

RENTRÉE DE PAOLA MARIÉ

*
* *

Recettes des principaux théâtres en septembre :

Folies-Dramatiques.	144.475
Gaîté	140.131
Opéra	139.517
Opéra-Comique	95.842
Français	84.345
Variétés	76.492
Palais-Royal	55.325

Pas de commentaires, n'est-ce pas ? Cela deviendrait fastidieux !

*
* *

Pour un curieux procès, voici un curieux procès, si curieux même, que nous nous refusons à croire qu'il y soit donné suite.

Par exploit d'huissier, MM. Clairville, Siraudin, Koning et Lecocq, auteurs de *la Fille de Mᵐᵉ Angot*, viennent d'enjoindre

à M. Cantin, directeur des Folies-Dramatiques, d'avoir à retirer leur pièce de l'affiche des Folies dans le délai de vingt-
quatre heures, sous peine de leur payer
1,000 francs pour chaque jour de retard,
à titre de dommages-intérêts !!!

Voici quels seraient les griefs de ces
Messieurs.

1° D'avoir fait le plus grand tort à leur
œuvre en en changeant journellement la
distribution ;

2° D'avoir violé un des articles de leur
traité en remplaçant les principaux personnages sans en avoir prévenu les auteurs, sans leur avoir fait parvenir un
bulletin de répétition.

En réponse à cet exploit, le directeur
des Folies-Dramatiques, stupéfait, envoya
a M. Clairville cette dépêche :

« Recette d'aujourd'hui, 5,205 francs. —
J'attends le procès de pied ferme !

« Signé : CANTIN. »

Mais en voilà bien d'une autre. MM. Clairville et Lecocq récusent la responsabilité
de l'acte judiciaire ci-dessus mentionné.

Voici du reste copie de la lettre de
M. Ch. Lecocq.

« Mon cher Cantin,

« On vous a envoyé du papier timbré

sans m'avoir consulté, ce que je trouve sasez indiscret. J'en ai été prévenu hier seulement par un mot de Siraudin.

« Je vous répète ce que je lui ai répondu que je ne voyais pas bien l'opportunité ni l'objet de cette mesure, et que, dans tous les cas, il eût été convenable de me donner connaissance de l'acte avant de vous l'adresser. Conclusion : Je m'oppose formellement à la cessation des représentations de Mme Angot.

« Tout à vous,

« Ch. Lecocq. »

Comme on s'aperçoit bien qu'il y a du Koning (Victor) dans toutes ces intrigues et ces potins.

Le jour de la 248me on enterre M. Alexandre, le secrétaire-caissier des Folies. Il était entré au théâtre avec M. Cantin, son successeur est M. Chapuis.

La 250me se passe sans aucun incident, et à plus forte raison... sans aucune gratification.

Pour sûr il y aura des surprises à la trois-centième, à moins qu'elles n'arrivent... à la quatre-centième.

Toujours le tableau comparatif des recettes (pour changer !) Mois d'octobre :

Opéra	145.278	70
Folies-Dramatiques	133.206	70

Cette fois les Folies arrivent après l'Opéra, mais avant les vingt autres théâtres de la capitale.

256ᵐᵉ

Aujourd'hui à deux heures, MM. Dennery, Chabrillat et Litolff ont lu aux artistes des Folies-Dramatiques leur opéra-comique en trois actes et quatre tableaux : *la Fiancée du roi de Garbe*, qui va entrer en répétition, pour passer... quand *la Fille Angot* le permettra, c'est-à-dire l'année prochaine, au mois de mars. Puisse *la Fiancée du roi de Garbe* avoir devant le public, le succès qu'elle vient d'avoir devant les artistes : MM. *Sainte-Foy-Milher, Villars, Haymé, Vavasseur, Hamburger*, et Mᵐᵉˢ *Paola Marié, Raphaële, Toudouze, Duvernay, Blainville.*

* * *

Rien à dire, les représentations se suivent et se ressemblent, après la 300ᵐᵉ viendra la 400ᵐᵉ.

Il n'est pas sans intérêt, croyons-nous, de rappeler ici, pour nous acquitter tout à fait envers *la Fille Angot*, tous les succès qui ont illustré sa mère sur les planches : On a joué :

En 1796, — Sur le théâtre d'Émulation (ancien théâtre des grands danseurs du roi, *Mme Angot ou la Poissarde parvenue,* vaudeville en deux actes, de Maillot.

En 1797, — *Le Mariage de Nanon ou la suite de Mme Angot,* vaudeville, par Maillot.

En 1800, — *Le Repentir de Mme Angot, ou le Mariage de Nicolas* (encore de Maillot, 1803).

En 1803, — *Mme Angot au sérail de Constantinople,* drame-tragédie-farce-pantomime, en trois actes, par Aude.

En 1803, — *Mme Angot au Malabar ou la nouvelle veuve,* mélodrame-tragédie-parade en trois actes, par Aude.

En 1805, — *Mme Angot dans son ballon.*

En 1817, — De plus, *la Critique de Mme Angot, Joseph ou fin tragique de Mâme Angot,* bagatelle morale.

Cette brochure ne porte aucune date de représentation, ni d'impression.

En 1860, — *La Nouvelle Mme Angot au sérail de Constantinople,* en trois actes, aux Folies-Dramatiques, par De Jallais.

Enfin, *en 1873,* — *La Fille de Mme Angot,* qui aura été jouée plus de *300 fois* aux Folies-Dramatiques quand paraîtra ce volume, a eu plus de 20 parodies.

Les Folies - Marigny ont joué 130 fois *Mme Angot et ses Demoiselles,* de de Jallais. MM. Blondeau et Monréal ont également fait jouer à l'Eldorado une charmante pièce en un acte, *la Nuit des Noces de la Fille Angot*, qui est le dénoûment de la pièce de Lecocq. Pendant plusieurs jours nous n'avons pu faire un pas sans voir sur les affiches : *le Fils de Mme Angot, la petite fille Angot, la Famille de Mme Angot, le Fils de la Fille de Mme Angot,* etc., etc., jusqu'aux revues qui portent cette année les titres des :

Refrains de la Fille de Mme Angot.

Forte en gueule, pas bégueule,
Perruque blonde, et c'était pas la peine.

LES LEVERS DE RIDEAU

DE

LA FILLE DE MME ANGOT

Les passer sous silence serait commettre un oubli, dont nous sommes incapables ! Notre histoire des Folies, et notamment de *la Fille de Mme Angot*, doit être complète. Six levers de rideaux ont précédé *la Fille de Mme Angot*.

Voici les titres de ces vaudevilles, l'ordre dans lequel ils ont été représentés :

Dans le Mouvement, par MM. W. Busnach et Chabrillat ; déjà jouée avec *les Chevaliers de la Table ronde*.

Un Ami dévoué, par Jules prével.

Il Pleut ! de Chabrillat ; déjà jouée avec *Héloïse*.

La Toquade de Robinot, de Chabrillat.

Dans le Bottin, d'Oswald (du Gaulois.)

Reprise de : *l'Oncle Margottin*, de Chincholle.

Le Trésor des Dames, de Ch. Gabet. Cette

pièce a mis en relief la jolie Angèle Ma-
thieu.

Enfin, *la Grève des Cuisinières*, par
Chabrillat.

* *
*

On annonce comme devant se jouer
sous peu *Monsieur Victor*, parodie de la
pièce de Dumas. L'auteur veut, dit-on, gar-
der l'anonyme, nous pouvons dire que
c'est un journaliste, rédacteur du *Figaro*.

*
* *

Ces vaudevilles ont été constamment
joués devant les banquettes, ils ont cepen-
dant rapporté à leurs auteurs plus que *la
Dame aux Camélias*, *le Demi-Monde*, et
cent autres chefs-d'œuvre des scènes de
premier ordre, vous comprendrez que
les Folies-Dramatiques soient le point de
mire de beaucoup d'ambitieux.

FOLIES-DRAMATIQUES

LOGES, FOYER, COULISSES, RÉGIE

ET ADMINISTRATION

L'entrée des artistes

Est par la rue du Château-d'Eau, n° 66. C'est une porte étroite, par laquelle Dumaine aurait bien de la peine à passer...

On arrive à la loge du concierge, qui est très-poli, par un couloir que je ne saurais mieux comparer qu'à ces énormes tubes qu'on enfouit sous Paris pour amener l'eau de la Dhuys.

Patience, nous serons bientôt arrivés. Encore vingt marches à monter, encore un tube... non un couloir à franchir, et nous voilà au pied de l'escalier des loges. — Montons. — Nous trouvons au 1er étage. douze loges d'hommes, ce sont celles de Milher, Vavasseur, Dupin, Haymé, Luco, Mendasti, Legrain et des principaux choristes. — Au même étage, le foyer des musiciens et un grand magasin de costumes.

Au 2e étage...

De la porte des loges un essaim de jolies

femmes nous observe. Notre plus gracieux sourire et nos compliments les plus flatteurs à Mme Desclauzas, qui occupe la loge de Blanche d'Antigny, Paola Marié, Caroline Jullien.

Au second étage nous trouvons aussi le secrétariat, les portes battantes qui s'ouvrent sur la scène, le foyer, les deux régies, le cabinet où se trouvent empilées plusieurs générations d'accessoires, et enfin le sanctuaire directorial précédé d'une espèce d'anti-chambre.

Au 3e étage, l'atelier du costumier et de la costumière, douze loges d'hommes où s'habillent Mmes Minne et les figurantes.

Mais il est inutile de monter plus haut. Redescendons, et entrons, si vous le voulez bien, au

FOYER

Nous y voyons un groupe de *grues*, faisant le compte des gommeux-sérieux que *la Fille de Mme Angot* attire dans la salle ; là-bas, dans l'encoignure, Adonis Vavasseur en train de faire l'éloge d'un de ses camarades au journaliste Delaage, dont le fluide magnétique opère sur Mlle ***, une nouvelle recrue. Mais qui produit ce bourdonnement près de la fe-

nêtre ? Ah ! c'est Heuzey qui imite la
mouche voltigeant sur la vitre. Celui qui
se mire avec douleur dans la glace, c'est un
des chansonniers Pitou, autrement dit Mendasti, qui se demande pourquoi la direction lui a intimé l'ordre de laisser re-
pousser ses moustaches. A côté de lui,
cette plantureuse poissarde rembarrant le
régisseur, c'est Mme Toudouze. Mais un
frou-frou de robe de soie se fait entendre,
c'est Mlle Paola Marié que nous avons à
peine le temps de saluer, tant elle traverse
vivement le foyer pour entrer en scène.
Comme vous le voyez, la société est on ne
peut plus choisie. Mais tout à coup le foyer
se change immédiatement en boudoir Pompadour ; les proverbes de Musset, les ba-
vardages de Marivaux, ne sont plus que
de l'argot de barrière quand Mousseau
entre et s'écrie en flanquant une tape sur
le ventre de Vavasseur : Ah ! malheur !
elle est bien bonne. Comme il va continuer dans ce style fleuri, entre le 2e régisseur Tallin, qui fait immédiatement le
vide dans le foyer en disant : « Mesdames et Messieurs, c'est frappé. »

Nous ne dépeindrons pas l'ameuble-
ment du foyer. Il n'est ni en boule ni en
palissandre, ni même en acajou. Enfin,
pour tout dire, il se résume en un piano,
dont les touches se livrent à une danse

macabre sous les doigts crispés du nerveux maëstro Litolff.

Nous allons maintenant passer aux biographies des pensionnaires de M. Cantin.

MILHER

Tous les habitués des Folies-Dramatiques connaissent ce nom ; il est devenu, au boulevard, synonyme de succès et de popularité. Citer *les Cinq francs d'un Bourgeois de Paris*, l'étudiant dans *le Pays latin*, le Commis en nouveautés *des Calicots* ; Géromé de *l'Œil Crevé*, Valentin du *Petit Faust*, Fulbert, d'*Héloïse et Abélard*, serait rappeler au public ce qu'il sait mieux que nous, c'est-à-dire que ces différents titres ont été autant de triomphes que de créations pour l'intelligent artiste qui nous occupe. Vous dire que Milher est Marseillais comme la Cannebière, qu'il a fait des études sérieuses, qu'il a pris une première inscription pour étudier la médecine, sont autant de choses que ses biographies vous ont dites mille fois. — Parlons donc de l'homme si vous le voulez. —Ah ! si Barrière l'avait connu, quel joli type pour sa comédie des *Gens nerveux*. Quand Milher a une préoccupation, il agite convulsivement sa jambe droite, ce qui l'a fait surnommer, *le Ré-mouleur*; quand la préoccupation devient plus grande, quand il a, par exemple, une première, il ronge ses ongles jusqu'à la première phalange. Avant d'entrer en scène, Milher s'agite, se promène, se cogne dans les portants, et sa distraction est telle qu'elle lui fait commettre les bévues les plus insensées. Le jour de la première d'*Héloïse et Abélard*, il prit un pompier par la taille, et lui dit : « Oh ! ma petite Paola, en scène, quand je te prendrai comme ça par la taille, laisse-toi faire. » Le pompier abasourdi a, dit-on, signalé le fait sur son rapport. A ses moments perdus Milher écrit, ou si vous aimez mieux confectionne des vaudevilles qu'il signe Hermil (son vrai nom); il compte même quelques succès dont on a parlé dans la presse... *Les Femmes en grève, le Roman d'une Modiste, au Saut du Lit*, et cinq ou six revues parmi lesquelles celle de l'année dernière. *Tout le Monde sur le Gril*, en collaboration avec votre serviteur. Pendant trois ou quatre ans il a alimenté à lui tout seul le théâtre national des Folies-Saint-Antoine. Sa pièce, *les Ebénistes*, l'a rendu populaire dans tout le faubourg Saint-Antoine. Les ébénistes reconnaissants ont été jusqu'à lui offrir des meubles qu'il a voulu payer. En un mot, Milher adore le théâtre sous quelque forme qu'elle se présente, et son nom y restera attaché parmi les plus populaires. Signes particuliers : sa loge est la plus simple du théâtre ; Milher fait des mots au foyer et Mousseau les lui emprunte. L'acteur favori d'Hervé et de Litolff, c'est assurément Milher ; Hervé dit mon Gérômé, Litolff, dit mon Fulbert, et je serais fort étonné qu'il fût joué une pièce de ces deux musiciens sans que Milher y eût le rôle principal. Milher raffole du Jardin des Plantes. Nous l'y avons encore vu, l'autre jour, composant quelques scènes de sa future revue, devant la fosse aux *ours*.

VAVASSEUR

Aurait pu être le dernier mot de la beauté et de la distinction. A commencé par être souffleur aux Folies où il joue depuis vingt-trois ans. Vavasseur est marchand de parapluies rue Saint-Maur. Mais ce n'est pas le parapluie qu'il eut voulu inventer... c'est le *paragrêle!* Vavasseur a bien des raisons pour maudire l'opérette qui l'a fait rétrograder au troisième plan. A trouvé pourtant moyen de s'y montrer amusant dans un rôle de cocher de fiacre au 2ᵉ acte du *Petit Faust*. Prétend que depuis Arnal pas un acteur n'a dit le monologue comme lui, et ne veut pas mourir sans avoir fait une création au Gymnase.

HEUZEY

A commencé par jouer la pantomine au Luxembourg ; il faisait les Arlequins et se trouvait en troupe avec Clairville (le vau-villiste), qui jouait alors les jeunes premiers, et qui était aussi mauvais acteur qu'il est devenu bon auteur. Heuzey fait toutes les imitations imaginables ; il imite l'eau qui bout dans la bouilloire, le bruit du fer à friser que l'on trempe dans l'eau, le grésillement du cheveu qui roussit ; le petit oiseau pris dans un chapeau, etc., etc. Peintre à ses heures perdues, Heuzey brosse des *Vues du Bosphore* au plus juste prix. Heuzey a la force d'un athlète. — Il eût tombé Vigneron l'homme-canon. Exemple : un matin que Heuzey descendait de Belleville dans un habillement fond blanc très-soigné, passe un boueux qui l'éclabousse. « Maladroit ! faites donc attention, lui crie Heuzey. » Le boueux riposte par une injure ; discussion, rassemblement, terminé à la force du biceps car Heuzey saisit le boueux à bras le corps et le jette dans son tombereau à la grande joie de la foule. Les machinistes ont vu Heuzey plus d'une fois porter à lui seul un portant de décor qu'ils se mettaient plusieurs à mettre en place. Geromé ne connaît pas d'autre bailli qu'Heuzey pour jouer *l'Œil Crevé.* Aussi fut-il dans tous ses états quand Heuzey quitta les Folies pour raison de santé. Géromé employa toute son influence pour le faire rentrer et il y a réussi. Heuzey s'est fait éditer un volume archéologique chez Dentu : *l'Histoire des Rues de Paris,* il cherche maintenant un éditeur pour publier son *Histoire universelle du Théâtre,* à laquelle il travaille depuis 20 ans, Heuzey est l'oncle du jeune vaudevilliste, duquel Lambert Thiboust disait : Faut-il que ce L... ait des chemises sales pour en changer si souvent.

JEAULT

Excellente ganache. Est, avec Vavasseur, le plus ancien pensionnaire des Folies-Dramatiques. Le père Jeault a été directeur en province ; on l'appelait, dans le temps, le Grassot des boulevards. Sa femme, Mme Jeault, joue à la Gaîté depuis longtemps. Signes particuliers : Jeault vend de la parfumerie à ses camarades qui reconnaissent qu'il fait le cold-cream comme pas un.

HAMBURGER

Les murs de sa loge sont littéralement couverts de caricatures de toutes sortes. Hamburger a été dessinateur en châles. Il a débuté à Chambéry, y chantait l'opéra à raison de 80 francs par mois. Revenu à Paris, il passa 5 années au Vaudeville, puis entra aux Variétés où il compte, entre autres créations heureuses, celle d'Ajax Ier dans *la Belle Hélène*. C'est un des piliers du Café de Suède où il paraît et disparaît vingt fois par jour. Partage avec Blondelet et Courtès la gloire de faire des chansonnettes pour les cafés-concerts. Cultive le calembourg à outrance, à ce point qu'il ne s'en commet pas un bon ou mauvais sans qu'on ne le lui mette sur le dos. Aussi s'est-il immortalisé en en publiant un recueil qu'il a intitulé pompeusement : *Les Ajaxticides d'Hamburger*, et dont il a envoyé un exemplaire à Victor Hugo, qui lui a répondu.

Est engagé depuis un an à peine aux Folies-Dramatiques où il n'a joué que dans *Mazeppa* un clown qui, malgré toutes ses singeries, n'a pas pu sauver la pièce. Il a été prêté par M. Cantin à M. Comte, pour créer un rôle de concierge dans *la Quenouille de Verre*.

MOUSSEAU

Nouvellement engagé aux Folies. C'est
une ancienne et une excellente réputation
de café-concert, qui ne demande qu'à devenir une réputation de théâtre. A joué
avec succès aux Menus-Plaisirs dans la
la *Reine Carotte*, dans *les Griffes du
Diable* et dans *Rocambole aux Enfers*.
Fait la cuisine comme le baron Brisse. Je
me rappelle avoir goûté à une matelotte
confectionnée par ses mains, dont on s'est
léché les moustaches huit jours durant;
aussi chaque fois qu'un artiste des Folies
veut donner un festin de Lucullus, il invite
Mousseau, et le mettant en face d'un four-
neau, le prie de faire le plat dans lequel
il excelle. Mousseau passe aux yeux de
ses camarades pour un grand débineur.

Pour moi ce n'est qu'un spirituel Ga-
vroche qui jette, sans méchanceté aucune,
quelques pierres dans le jardin de tout le
monde, et qui, lorsqu'il n'en a plus à jeter
chez les autres, en jette dans le sien pro-
pre. Au physique, Mousseau est petit
et trapu. On l'a pris, tout dernièrement
encore, pour un des ambassadeurs japo-
nais en promenade dans les égouts de
Paris.

MENDASTI

Né à Florence le 24 octobre 1842, d'une précocité rare, il n'avait que 3 ans 1/2 lorsqu'il débuta au cirque de Milan, cessa de sauter dans des cerceaux après avoir fait une chute grave. A débuté dans l'art dramatique à Barcelone, à Madrid, avec une compagnie française. Mais son directeur ayant fait faillite, Mendasti dut faire à pied le voyage de Marseille à Paris. A débuté au théâtre Cluny en 1865, dans *le Fils du Marchand*, drame en 7 actes, puis est entré au théâtre des Folies-Dramatiques où il a toujours joué avec succès les ténors d'opérette. Signe particulier et tout à sa louange : aime la France autant que son art et l'a prouvé pendant la guerre en s'enrôlant pour elle dans les francs-tireurs de la Loire.

SPECK

Un chronomètre à deux jambes. On n'est pas plus à la minute, ni plus maniaque. Il vient s'habiller deux heures avant la représentation et fait sa tête sans se presser en fumant sa pipe. Speck a joué les jeunes premiers au Vaudeville, et a créé Spavento dans *le Canard à trois becs.*

Speck english ! No, sir.

LUCO

Chauve, comme Siraudin, ce qui prouve que la calvitie n'attend pas le nombre des années. Bonne nature. L'idole des Lyonnais. Vient de créer avec succès le rôle de Larivaudière. Un Grevin en herbe dessinant avec beaucoup de chic. D'ailleurs beaucoup de théâtres réclament le concours de son crayon pour leurs costumes. Garçon instruit et érudit ayant fait ses études. Excellent musicien.

PHILIPPE DUPIN

Jeune ténor, joue la comédie depuis 1859, a tenu l'emploi des Dupuis en province et à l'étranger. Est auteur. A fait jouer quatorze pièces à Lyon et quelques-unes à Paris, aux Folies-Marigny, quand son beau-père, M. Leduc, en était directeur. A même fait représenter aux Folies-Dramatiques une grande opérette en collaboration avec M. Chabrillat, *Mazeppa*, à qui de grandes coupures ont permis de vivre deux mois. Dupin vient de jouer cent fois le rôle de Pomponnet dans *la Fille de Mme Angot*. Il a joué aussi près de soixante fois le rôle d'Abélard dans *Héloïse*.

HAYMÉ

Artiste de province. Vient de débuter aux Folies-Dramatiques dans un emploi modeste. Il n'a joué jusqu'à présent rue de Bondy que des levers de rideau. S'est fait remarquer néanmoins dans le rôle du muscadin *Trenitz* de *la Fille de Mme Angot*. M. Haymé l'est du public. Combien de plus anciens que lui ne peuvent en dire autant.

PÉRICAUD

Artiste venu de la province. Comptant des succès, notamment à Marseille et à Bruxelles. A débuté aux Folies-Dramatiques dans *Mazeppa*. A doublé Milher dans *Héloïse et Abélard*, et n'a pas joué depuis lors, si ce n'est dans un lever de rideau de M. Chabrillat, *la Toquade de Robinot*. M. Péricaud est, comme ses camarades Dupin et Milher, auteur dramatique à ses moments perdus. Il a fait jouer plusieurs pièces en province, et entre autres une au Vaudeville intitulée : *A Cache-Cache*, qui n'a eu aucun succès.

VILLARS

Ce jeune ténor rachète un extérieur assez mesquin par le charme d'une voix sympathique et bien timbrée. M. Villars sera certainement un des bons artistes des Folies, lorsqu'il saura s'habiller et dialoguer avec autant de goût qu'il en met pour chanter.

Le talent de M. Villars se résume dans cette appréciation que nous croyons juste :

« Comme voix un pastiche de *Faure*.

« Comme comédien, un pastiche de *Palianti*. »

RAOULT

A fait les beaux jours du public des Folies-Bergères, est entré à l'Opéra-Comique ; mais il n'a pu s'y faire applaudir qu'entre 7 heures et 7 heures et demie du soir, quand on joue *le Châlet* ou *le Mariage extravagant* devant les banquettes. M. Raoult a remplacé avantageusement M. Mendasti dans le rôle d'Ange Pitou.

BRANCIARD

Ténor voué au chiffre *trois*. Il a joué trois fois aux Folies le rôle de Pomponnet.

Auparavant il avait joué trois fois aux Bouffes dans la *Petite Reine*, et on craint qu'il ne joue que trois fois dans *la Fiancée du Roi de Garbe*.

Nous pouvons maintenant nous reposer les yeux sur de plus charmants tableaux.

PAOLA MARIÉ

Nous a dit : « La biographie que vous pourrez faire de moi ne sera jamais plus exacte que celle qui a paru le 1er mars dernier sous le titre de *Médaillons dramatiques* dans *le Journal Amusant*. Je me trouve donc dans la nécessité d'emprunter à M. Albert Vizentini un de ses plus gracieux médaillons :

« Troisième de nom pour le présent, mais première de talent pour l'avenir, Paola Marié est née à Paris, le 28 mars 1851. De sept ans à seize, elle médita au couvent du Sacré-Cœur de Nancy sur les bienfaits de l'éducation actuelle. Comme

6

le lendemain de son baptême, elle avait appris la musique toute seule en entendant son père donner une leçon de chant, je ne vous étonnerai pas en vous disant qu'elle était le plus bel ornement de la chapelle du susdit couvent. Seulement sa voix eût rendu Levasseur perplexe et Dérivis rêveur. Descendant dans des régions d'une gravité inconnue à son sexe, la voix de la jeune Paola brillait surtout dans l'évocation des nonnes de *Robert le Diable,* dont on avait modifié les paroles, comme bien vous le pensez. Donc, elle partageait sa vie entre le chant religieux et la lingerie, où elle avait acquis des talents exceptionnels. Mais le feu couvait sous la cendre, et l'amour du théâtre germait dans cette petite tête folle; si bien que, revenue dans sa famille où ses sœurs Galli et Irma la traitaient comme une mazette sans conséquence, elle prit un beau jour son vol et alla s'abattre au théâtre du Vaudeville, y chantant au bénéfice de Saint-Germain. C'était quelque temps avant le séjour à Bougival, où quelques artistes devinèrent la future Dugazon et la présentèrent à Henri Potier. Celui-ci lui fit créer, l'hiver suivant aux Bouffes-Parisiens, une opérette de son cru, intitulée : *Madeleine.* Mais l'opérette vécut l'espace d'une soirée, et la jeune Paola commençait à se lasser de ses repas dont « un

quartier de vache enragée » était sans
cesse la pièce de résistance, — quand
Hervé la remarqua, et la fit engager pour
trois ans par M. Delvil, directeur du
théâtre des Galeries Saint - Hubert à
Bruxelles. Durant ces trois années, ce ne
furent que leçons, roulades, reprises,
créations et succès. L'été, elle allait à
Londres dans la troupe de M. Humbert,
directeur de l'Alcazar-Lyrique. Enfin sa
création à Bruxelles de *la Fiorella des
Brigands* la fit assez remarquer pour que
M. Cantin l'engageât aux Folies-Dramatiques. Elle y débuta l'an dernier, avec un
très-grand succès même après Mlle Van-
Ghel, dans *Méphysto* du *Petit Faust*, vous
savez le succès qu'elle a obtenu dans Ger-
trude, *d'Héloïse*, puis dans *la Fille Angot*.

Gaie, le cœur sur la main et la main
cordialement ouverte, notre jeune Paola
est avant tout d'un « ours » achevé. Hor-
mis son amour des premières représentations, que les poëtes modernes ont déjà
chanté, elle sort peu, et ne profite de ses
chevaux, de sa voiture, que pour aller à
ses répétitions... quand elle y va. C'est
encore une joie pour elle que d'en man-
quer quelques-unes, et si M. Cantin se
fâche, elle vous a une certaine façon de
lui offrir son dédit qui désarmerait jusqu'aux carlistes les plus enragés.

Sa vie s'écoule entre ses oiseaux des

îles dont elle cherche à imiter le doux ga-
zouillement, son chat, nommé Abélard à
cause de ses vertus privées, et sa chienne
qui répond au nom de Jeanne. Chienne mé-
lomane qui obtint à Londres, dans l'*Œil
Crevé*, où elle suivit en scène sa maî-
tresse, un succès à faire mourir de jalousie
les *Munito* passés, présents et futurs.

Paola Marié a en horreur de faire faire
son portrait. Ne vous faites jamais annoncer chez elle comme photographe ;
mais en revanche, si votre carte de visite
porte la mention : « lingère, » vous serez
reçu sans plus attendre ; vous trouverez
la Fille de Mme* Angot*, en train de se
passionner sur un ouvrage au crochet
d'une complication abracadabrante. Elle
vous recevra sans doute dans son boudoir
en perse, style Pompadour, où vous re-
marquerez un timbre en argent, dont le
son retentissant bouleverserait un ministère ; puis une garniture de toilette en
ivoire avec une série de brosses, une col-
lection de peignes dignes de figurer à
l'exposition de Vienne. Paola Marié chante,
après et avant manger, sans que la diges-
tion puisse altérer la limpidité de ses notes
graves et sympathiques. Sa voix monte à
l'aigu maintenant et brille comme celle
d'une prima donna, grâce aux excellents
conseils de son père, dont elle est devenue l'élève chérie.

Elle n'entre jamais en scène sans avaler un grand verre d'eau froide, ni sans donner un morceau de sucre à Jeanne. Ses études sont sérieuses, suivies. Elle aspire, le croiriez-vous? au grand opéra, et se prépare au répertoire le plus classique en ce genre. Un tort, selon nous. Darcier, Caroline Lefebvre, attendent encore celle qui doit les remplacer à l'Opéra-Comique, et celle-là sera Paola Marié. Allons, ma charmante, laissez à d'autres les robes longues, les cris et les larmes; votre lot, c'est la grâce, la finesse, l'entrain, l'esprit. Croyez-nous, il y a là une mine à exploiter, un royaume dont vous serez la reine. Visez à la salle Favart, cadre qui en vaut bien un autre, et prenez pour guide cette devise que je vous dédie :

Dugazon *for ever!*

Il y a longtemps que cela serait fait sans l'exiguïté de la délicieuse Paola Marié.

A propos, savez-vous quelle est la devise de la petite Diva des Folies-Dramatiques? Je vais vous la révéler : Mlle Paola Marié porte brodés au coin de son mouchoir ces mots pleins d'une fière et naïve indépendance : *Faire ce qui me plaît et laisser dire !* Eh ! eh ! c'est un peu long, mais ça dit tout.

Un mot de Paola :

Une salve d'applaudissements salue le fameux chœur *des Conspirateurs,* et, après

la salve deux ou trois bravos éclatent iso-
lément.

— Il y a donc une *fuite* dans la claque !
s'écrie la charmante Clairette.

DESCLAUZAS

Marie Desclauzas est née en l'an de
grâce... Eh bien, non, pas d'indiscrétion,
qu'il suffise de savoir que l'amour de l'art
dramatique la fit débuter à l'Ambigu-Comique à l'âge de 13 ans. Quelque temps
après elle jouait (les figurantes) au théâtre
de Versailles. Enfin, un an plus tard, à
l'ancien Cirque dans *Héloïse et Abélard* et
dans *la Poule aux Œufs d'or*, on retira
un rôle à Mlle Porel pour le lui donner.
Nous la retrouvons en 1863 au Châtelet
dans *Rotomago, la Prise de Pékin, les Sept
Châteaux du Diable, Aladin, le Secret de
Miss Aurore*, etc., etc. Elle a donné la réplique à Frédérick Lemaître dans *Don
César de Bazan* et à Mélingue dans *Fanfan
la Tulipe*. Enfin, quant M. Hostein abandonna le Châtelet, Desclauzas partit pour
aller jouer à New-York les rôles de
Schneider ; elle avait pour compagne de
voyage Mlle Irma Marié également engagée.
Après de grands succès chez les Yankees,
elle revint à Paris et débuta aux Variétés

dans *Fleur de Thé*. Après un court séjour
au grand théâtre de la Renaissance de
Nantes, elle revient et affronte le Siége
de Paris en se faisant ambulancière, et
ses mains mignonnes ont, quoi qu'on en
dise, soigné plus d'un blessé. Mais Paris
est débloqué, Desclauzas qui n'a plus de
malades à soigner prend son vol vers
l'Egypte où elle a un succès pyramidal.
Elle revient en 1872 en France ; elle joue
à Bordeaux, à Toulouse, et se dispose à
repartir pour l'Orient, quand les auteurs
de *Mme Angot* la font engager à Bruxelles
pour jouer leur pièce. Vous savez le reste,
l'opérette de M. Lecocq devant être jouée
en même temps à Paris, on fit venir
Mlle Desclauzas rue de Bondy, où elle à
repris le rôle de Mlle Lange, qu'elle a
joué 80 fois à Bruxelles, 100 fois à Paris.
A quitté les Folies pour aller jouer à Londres, et va rentrer aux Folies pour reprendre Mlle Lange. Signes particuliers :
Cette jolie femme prend un bain de lait
parfumé tous les jours. Le prince charmant de *Cendrillon* n'a pas toujours eu
des mollets pour remplir ses maillots.
Desclauzas a été maigre et, ce qui est
plus extraordinaire encore..... timide.

BLANCHE D'ANTIGNY

Bonne fille, tutoyant les gens avant de les connaître, tutoie le machiniste; nous est arrivée un jour de Russie, débute au Palais-Royal, succès de beauté, succès de diamants, succès d'inexpérience (scénique s'entend); femme douée, mais jusque-là n'ayant pas fait preuve de talent. On montait aux Folies-Dramatiques *Chilpéric,* on avait essayé de plusieurs Frédégonde, aucune ne satisfaisait le maëstro Hervé; on lui parla de Blanche, qui jouait *les Mémoires de Mimi Bamboche* au Palais-Royal, à ce mot, Hervé voulut presque retirer sa pièce, mais lorsqu'il la vit (et comme le célèbre maëstro n'est point insensible à l'œuvre de la chair), il la trouva si plantureuse, qu'il se dit c'est bien là le type de ma Frédégonde.—Mais la voix, où est la voix, et puis, en fait de musique, elle ne connaît que les notes qu'elle fait payer à ses admirateurs. Enfin, on fait l'essai, et en huit jours Blanche apprend, paroles et musique, le rôle de Frédégonde dans *Chilpéric,* le sait, le répète, étonne tous ceux qui doutaient d'elle. Elle eut en effet dans ce rôle le plus grand succès qu'elle ait eu et qu'elle aura jamais au théâtre. A créé depuis *Petit Faust,* la

Boîte de Pandore, Mazeppa. Elle a été prêtée aux Menus-Plaisirs, et gagne le moins 50 fr. par soirée. Chaque fois qu'elle ne dépase pas le but, qu'elle veut se tenir dans les limites voulues, on ne peut pas nier qu'elle ait une haute intelligence et une valeur essentiellement théâtrale. Seulement le désir de cascader, de trop briller dans son rôle, l'emporte quelquefois à faire des extravagances d'un goût douteux, mais reconnaît ses défauts chaque fois qu'on lui en fait l'observation, et s'en corrige. Elle a en particulier le cœur sur la main, je ne veux pas dire par là que toutes les personnes qui lui serrent la main... Non. Blanche n'a jamais vu un malheur dans les théâtres où elle était sans y venir en aide. On ne lui a jamais signalé une infortune sans qu'elle y compatisse. Ne soyez donc pas étonnés si vous entendez dire aujourd'hui : Blanche ne roule pas sur l'or, — c'est vrai. — Un choriste meurt-il aux Folies, on fait une souscription pour le faire enterrer; était-ce un bon garçon? Oui. Voilà 200 fr.; qu'on lui achète un terrain, qu'il ne soit pas enterré comme un chien.

Blanche d'Antigny — qui fut une des physionomies de Paris — nous a quittés depuis plus de deux mois sans qu'aucun de ceux qui se plaisaient à suivre ses

ébats ait songé à donner de ses nouvelles
aux soupeurs du Café anglais ou aux
gommeux des avant-scènes.

Nous venons combler cette lacune,
grâce à une lettre que nous recevons enfin
de notre correspondant d'Alexandrie.

Blanche d'Antigny a débuté, sous le ciel
égyptien, par le rôle de mademoiselle
Lange dans la *Fille de madame Angot*.
Elle y a obtenu un grand succès, quoique
la colonie italienne ne lui trouve pas
beaucoup de voix.

La ville d'Alexandrie se compose de
deux colonies : la colonie grecque, la plus
nombreuse et la plus élégante, qui tient
le haut du pavé, et la colonie italienne,
qui est la moins bien composée. Tout.
cela, paraît-il, cancanne, potine et s'éreinte
mutuellement. Ce n'est pas une ville : c'est
un village; on ne peut rien dire, rien
faire, sans que cela ne se sache.

Vous comprenez comme c'est parfois
gênant !

* *
*

Donc, la colonie italienne a fait à mademoiselle d'Antigny moins bon accueil que
la colonie grecque ; mais celle-ci, toujours
éprise du côté plastique, trouve notre actrice superbement bâtie et lui jette des

couronnes en feuillage doré, ornées de rubans tricolores, — pour lui rappeler sa belle patrie.

On joue quatre fois par semaine : le mardi, le jeudi, le samedi et le dimanche.

Le théâtre est très-grand, très-beau, mais détestable au point de vue de l'acoustique ; il faut crier pour se faire entendre.

Le public est bon et trouve généralement tout très-bien. Par exemple, il ne veut pas deux fois la même pièce ; seule, la *Fille de madame Angot* a été jouée trois fois : aussi, l'on en parle !

CORALY GEOFFROY

Chanteuse de province, — plus province que la province elle-même, — parle sans cesse de ses succès et est persuadée qu'une pièce dans laquelle elle joue ne peut tomber. Parlez-lui de Schneider, de Zulma Bouffar, de Van Ghell, pour elle ces chanteuses-là et rien c'est la même chose. A part cette faiblesse et cette confiance illimitée en elle, elle ne manque pas d'un certain mérite qui date même de loin. Elle a été enfant prodige, elle a joué au boulevard du crime dans les féeries du Cirque

Olympique et a créé le rôle de Cupidon dans *Orphée aux Enfers*, aux Bouffes. Jusqu'à cette époque elle s'appelait Coraly Guffroy. Elle épousa M. Geoffroy, petit ténor des Bouffes, qui mourut quelques mois après son mariage. Après une absence d'une douzaine d'années de Paris, elle est revenue aux Folies-Dramatiques où elle a créé le rôle d'Héloïse dans *Héloïse et Abélard*. Si Mme Geoffroy reste la pensionnaire de M. Cantin, tout porte à croire que, si elle se débarrasse peu à peu de ses habitudes provinciales, elle deviendra une excellente chanteuse d'opérette.

TOUDOUZE

Fille de M. Toudouze, ancien artiste du théâtre de l'Odéon, la jeune artiste commença sa carrière dramatique à Nantes, sa ville natale, dans le répertoire enfantin de Léontine Fay. Elle débuta plus tard à Paris dans l'emploi des ingénuités ; puis elle parcourut l'Italie sous la direction Meynadier, tenant l'emploi des Déjazet et les soubrettes du répertoire classique. De retour à Paris, elle fut engagée par M. Dormeuil, au Palais-Royal, qui, en attendant qu'il la fît jouer, la prêta à la Porte-Saint-Martin, où elle joua une *folie* dans une reprise des *Pilules du*

Diable. Le succès qu'elle eut là décida
M. Cogniard à la demander à la direction
du Palais-Royal, qui laissa ainsi partir
notre artiste sans jamais l'avoir fait jouer.
Elle créa aux Variétés Tulipia, du *Joueur
de flûte* et Micheline de la *Femme dége-
lée*, etc., etc., etc., et à l'expiration de
son engagement repartit pour la province, et épousa à Reims M. Vauthier,
jeune basse comique qui vint débuter
avec sa femme aux Folies-Dramatiques,
sous la direction Moreau-Sainti et Cantin.
Voilà un an que M. Vauthier a quitté le
théâtre de la rue de Bondy pour le théâtre
de la rue Scribe, où il eut autant de succès
dans *M. Polichinelle*, que sa femme,
Mme Toudouze, dans *la Fille de Mme Angot.* Puis l'étranger lui offrit des appointements qui faisaient souvent défaut depuis son départ des Folies. Bref, il est
parti pour le Caire.

ROSE-THÉ

Passe sa vie à se mirer dans les glaces
qui lui ont déjà dit tant de fois qu'elle est
charmante, qu'elle croit que c'est arrivé.
Rose-thé a fait des ronds de jambes et
des ailes de pigeon au Châtelet, avant de
débuter comme actrice aux Menus-Plai-

sirs, et de jouer quelques bouts de rôle aux Folies-Dramatiques, dans *Mazeppa* et dans *Héloïse et Abélard*. Cette gracieuse artiste n'a de la rose dont elle porte le nom que le parfum et la fraîcheur ; elle laisse à quelques-uns de ses adorateurs le soin d'en porter la couleur.

CAROLINE JULIEN

Jolie femme, double tous les rôles de toutes les pièces qui se montent aux Folies. Elle est donc toujours sur le qui vive, car elle n'a jamais le droit de s'absenter de chez elle sans dire où elle va. Mlle Caroline Julien, qui a la jambe bien faite, trouve toujours le moyen de la montrer au foyer. C'est une actrice très-utile, elle eût peut-être pu franchir le cercle sans ce diable de masque immobile ; elle a manqué de physionomie pour arriver plus haut. Caroline Julien est excellente musicienne.

MADEMOISELLE DUVERNAY

C'est cette mignonne et nerveuse artiste qui a remplacé Paola lors de sa première incartade... suivie de tant d'autres ! Après Paola, nous ne connaissons pas de plus gentille Clairette que Mlle Du vernay, qui est sage et qui a toujours sa mère sur ses talons.

Luco a baptisé la mère de Mlle Raphaële et celle de Mlle Duvernay. Il les appelle : « *les mères... veilleuses.* »

MADEMOISELLE RAPHAELE

(Un nom prédestiné pour faire *Lange*.)

Cette jeune, jolie et gracieuse artiste sort du Conservatoire, où elle était élève de M. Mocker.

Mlle Raphaële ne fait pas oublier Des-clauzas, mais elle ne la fait pas regretter. Ce qui est déjà beaucoup.

N. B. Mlle Raphaële est toujours escortée de sa mère.

MADEMOISELLE BLAINVILLE

Fille d'une artiste très-estimée au théâtre de la Porte-Saint-Martin et de l'Ambigu. Mlle Blainville a été la troisième doublure de Paola, pour ce rôle de Clairette, qui aura exigé autant d'interprètes qu'il en a fallu trouver pour reprendre Pomponnet.

THIBAULT

Elève du Conservatoire et membre de la société des Concerts — embrasse les basques du paletot de Litolff—se prosternait devant la partition de *la Fiancée*, avant de l'avoir lue.

Il habite Bois-Colombes pour avoir son théâtre sous la main — a pris la succession de Bernardin, conduit avec talent un orchestre qui va tout seul.

C'est lui qui dit aux répétitions de la *Fille Angot : archets du ballet*, veillez !

CHAPUIS

SECRÉTAIRE GÉNÉRAL ET CONTROLEUR.

Ex-caissier à la Gaîté, préfère qu'on l'appelle par son petit nom de Charles. Amabilité, complaisance, toutes les qualités requises pour tenir un semblable secrétariat.

TALLIN

DEUXIÈME RÉGISSEUR.

Le type du bureaucrate à manches en lustrine ; il ne lui manque que la calotte de velours, — excellent homme, mais cinquième roue à un omnibus, — a joué les comiques à Bobino.

CANTIN

DIRECTEUR.

Saluez. — Le directeur de Paris doué de la plus grande intelligence des affaires, fut d'abord chef d'orchestre à Marseille. Un accident survenu à un doigt par suite de l'explosion d'une arme à feu l'empêchant désormais de jouer du violon il se jeta à corps perdu dans les affaires contentieuses et ne tarda pas à y briller au premier rang. Le nom de Cantin restera toujours attaché au souvenir du fameux procès Mirès. Le hasard le conduisit aux Folies-Dramatiques que dirigeait M. Moreau-Sainti. D'un coup-d'œil il vit tout ce qu'on pouvait tirer de ce théâtre et se dit :

7

j'en ferai la fortune et la mienne, en plus
de celle qu'il possédait avant et qui l'a-
vait fait admettre parmi les cinq actionnaires des Folies-Dramatiques.

Aujourd'hui M. Cantin a rempli sa pro-
messe au delà de toutes ses espérances.
Maître d'une jolie fortune gagnée en six
mois, il peut dire comme César... *veni,
vidi, vici*. Je suis venu, j'ai vu, j'ai monté
Héloïse et Abélard et *la Fille de Mme Angot*. Qui sait où s'arrêteront les destinées
de l'habile directeur, qui sait s'il ne sié-
gera pas un jour place Favart, car il est
ambitieux.

LE TRIBUNAL DU COULOIR

Nous allons maintenant faire connaître
à nos lecteurs un secret plein d'horreur.

C'est un petit Conseil des dix institué
depuis peu par les artistes des Folies-
Dramatiques (hommes) pour juger som-
mairement pendant les entr'actes ceux de
leurs camarades qui ont commis des délits
ou des infractions au règlement du couloir des loges.

Le Conseil des dix est représenté par
deux juges un président et un avocat,
organe de la vindicte publique. Tous sié-

gent dans le couloir, en robes avec des balances d'épicier à la main.

Le verdict de ces messieurs est toujours inexorable. Les circonstances atténuantes sont moins dures à décrocher au palais de justice que dans le *palais* de la rue de Bondy.

Malheur aux accusés qui se présentent à la barre du tribunal du couloir. Ces soirs derniers nous avons assisté cachés dans la loge de Vavasseur à un de ces jugements terribles que nos petits enfants sont appelés à lire un jour dans les causes célèbres.

L'artiste accusé était M. Legrain, qui joue depuis 290 fois l'agent de police Louchard dans *la Fille de M*me *Angot.*

M. Legrain amené à la barre les menottes aux mains, entre une haie de municipaux représenté par le coiffeur et l'habilleur, était accusé :

1° D'avoir (à la suite d'un de ces festins de Balthazar comme il s'en fait tous les jours dans les loges des Folies-Dramatiques, quand la fortune le permet), embrassé d'une façon toute voluptueuse, Mme Minne, l'excellente duègne des Folies-Dramatiques.

2° D'avoir insulté nuitamment, rue de Lancry, un honnête marchand de marrons dans l'exercice de ses fonctions.

Comprenant le désir bien naturel qu'ont

nos lecteurs d'avoir sous les yeux les pièces authentiques de cet intéressant procès, nous aurions voulu nous les procurer à prix d'or, et les reproduire *in extenso*. La reproduction a été interdite.

Rien de plus intéressant que le *message* affiché dans le couloir la veille du jugement, rien de plus émouvant que le réquisitoire de M. le procureur Haymé-Trenitz, rien d'éloquent comme le résumé du président Luco-Larivaudière.

SOUVENIRS ET REGRETS

Du boulevard du Temple il ne reste plus que le nom ; il n'est plus aucun vestige d'un passé dont la réputation était européenne. On conserve un monument antique, un tableau ancien, pourquoi ne pas avoir conservé le boulevard du Temple, dans ce qu'il avait de remarquable ?

N'était-ce pas, dans son genre, un monument ?

N'était-ce pas un fidèle tableau des goûts et des mœurs de chaque temps ?

Le soir, le coup d'œil de cette vaste place décrivant un quart de cercle, garnie d'arbres, était admirable de gaîté, d'animation... Dès trois heures de l'après-midi,

le public commençait à venir remplir les
espaces préparés par des barrières pla-
cées devant chaque théâtre... A six heures, plus de 10,000 personnes envahis-
saient le boulevard, formant des queues
à perte de vue devant les bureaux, attendant avec impatience l'ouverture des
portes des contrôles. La queue la plus
grande indiquait le plus grand succès.
Autour de cette foule innombrable circulaient : ici, des vendeurs de journaux, là
des marchands de billets ; plus loin des
ouvreurs de portières, etc... C'était un
mouvement perpétuel, c'était tout un monde
mu par une seule pensée : le théâtre !...
enfin le public entrait et le trop plein d'un
théâtre profitait à son voisin.

Aujourd'hui on appelle deux théâtres
voisins l'*Odéon* et les *Folies-Dramatiques*.

Vous voyez ça d'ici. — Il est huit heures, on n'a pu avoir de places aux Folies-
Dramatiques, on se dit : tiens, allons au
Châtelet, mais dépêchons-nous son drame
doit être déjà commencé. — On prend une
voiture (coût 2 francs) ; on arrive place
du Châtelet quand tout le public est entré,
on se précipite au bureau du théâtre.....
mais... trop tard !... il n'y a plus de places,
ou du moins il n'en reste plus que de mau-
vaises. Que faire ? reprendre une autre
voiture (coût 4 francs) et aller voir si on
peut entrer aux Variétés ?... Non, il est

trop tard, ça doit être plein, et puis là
aussi la pièce est commencée et quand on
va au théâtre c'est pour *avaler* tout.

Qui nous rendra l'aspect du boulevard
du Temple ? Il suffisait d'avoir mis le pied
sur son bitume pour ne plus vouloir partir, l'artisan ne craignant pas qu'une salle
décorée avec luxe ne fit remarquer sa toilette négligée y coudoyait le capitaliste, le
militaire, le badaud, la grisette, la grande
dame... toutes les classes de la société s'y
confondaient bravant la pluie, le froid, le
chaud ; chacun venait chercher sur cet
heureux boulevard une émotion, une distraction, un plaisir qui lui faisait oublier
pour un moment les soucis et les préoc-
cupations de la vie journalière.

À des moments donnés, toute une po-
pulation sortait pour respirer ; c'était un
entr'acte ; alors cinquante marchandes pla-
cées en ligne, invitaient les chalands à
venir acheter, soit des oranges, des pommes, des gâteaux, des sucres d'orge, à se
désaltérer en criant : bière !... limonade !...
glace !... Dix cafés et trente marchands de
vins étaient encombrés de consommateurs.
C'était vraiment un bien curieux et bien
réjouissant spectacle qu'un entr'acte sur
ce joyeux boulevard, qui faisait vivre, directeurs, auteurs, acteurs, employés, com-
merçants, marchands, vendeurs, enfin qui
faisait vivre autant d'intéressés que la

séparation des théâtres, en ruine aujourd'hui et en ruinera encore.

Dans un siècle nos petits neveux répéteront avec une sorte d'incrédulité ce que, comme nous, ils auront entendu dire par leurs parents ; ils chercheront, mais en vain, la trace de ce boulevard témoin de tant de prodiges, de tant d'événements et de tant d'esprit, et duquel nous aurons l'occasion de reparler plus longuement dans le volume que nous consacrerons au *théâtre de la Gaîté*.

Pendant l'impression du volume, la 300ᵉ de *la Fille Angot* est arrivée ; le soir de la représentation, un avis placardé dans les couloirs annonçait qu'à l'occasion de la 300ᵉ le personnel du théâtre, acteurs, musiciens, machinistes, tous les employés sans exception, étaient invités à passer le lendemain à la caisse pour y recevoir une gratification d'un demi-mois d'appointements.

Le jour de la **304ᵉ**, début de Mᵐᵉ Mélanie Reboux et rentrée de Mˡˡᵉ Desclauzas.

Nous empruntons à M. Gustave Lafargue son appréciation sur cette solennité.

Le 21 février 1873 se donnait la première représentation de cette opérette aujourd'hui tricentenaire; j'étais malade alors et quelqu'un venant me voir dans la journée me dit que les artistes ne pensaient pas que *la Fille Angot* irait jusqu'à la fin.

Pas de grosses cascades, musique d'opéra-comique, Milher ne jouant pas, en voilà pour un mois à peine.—Tels étaient les bruits sinistres qui circulaient à propos du nouvel ouvrage qu'on allait représenter.

Les reproches qu'on adressait à l'opéra-bouffe de Lecocq ont été autant de qualités qui en ont fait le succès sans précédent d'une pièce qui, à sa 304e représentation, est encore en pleine faveur près du public.

Parlons de l'interprétation de lundi. Une très-jolie personne, Mme Mélanie Reboux, connue comme chanteuse d'opéra, a quitté la musique sérieuse pour aborder le genre léger.

Le succès a répondu à la tentative de Mme Reboux; la nouvelle Clairette a joué d'une façon très-fine et chanté avec une voix charmante, en parfaite musicienne. Voici une nouvelle étoile de l'opérette.

Mlle Lange-Desclauzas, un peu émue — qui le croirait ? — a retrouvé les applaudissements de la première représentation.

Ange Pitou est enfin chanté, et c'est par un jeune ténor, M. Raoult, arrivant en droite ligne de l'Opéra-Comique.

Un dernier mot sur ce succès sans précédent :

Par ce temps d'opérettes plus que décolletées, *la Fille de M*^{me} *Angot* est une pièce honnête, avec une musique honnête, et l'on s'y amuse d'une façon honnête.

Voilà le mystère.

*
* *

Le même soir, les artistes des Folies, reconnaissants envers leur directeur, lui offraient un souper dont Oswald et Prevel font ainsi le compte rendu :

UN SOUPER

DE 300me

On n'a pas souvent l'occasion de rendre compte de pareilles solennités, car il y a peu d'ouvrages qui aient, ainsi que la *Fille de madame Angot*, la chance de traverser sans interruption le calendrier presque tout entier.

C'est à propos de la trois-centième représentation de cette pièce que tout le personnel du théâtre des Folies-Dramatiques se trouvait hier soir réuni dans la grande salle du restaurant Peter's.

Cette fois, c'étaient les artistes qui avaient voulu devenir amphitryons à leur tour, et qui avaient invité à cette petite fête de famille leur directeur, les auteurs et quelques journalistes de théâtre.

Le souper était servi sur une immense table, qui faisait le tour de l'établissement, et à laquelle prirent place plus de cent quarante personnes.

Au centre trônait l'heureux impresario, M. Cantin, dont la chevelure flavescente affectait des airs d'auréole; en face de lui son gendre Chabrillat; à ses côtés, Mlle Desclauzas, la toute gracieuse Mlle Lange, qui avait repris le soir même son rôle, et Mlle Raphaël, une Lange intermédiaire, dont les yeux font oublier la voix.

Venaient ensuite Clairville, Lecocq, le compositeur populaire, et toute une ribambelle de jeunes et jolies personnes qui se sont succédé dans le rôle de Clairette; Mlle Duvernay, une toute mignonne personne; Mlle Morel, une nouvelle venue, à la mine éveillée, au regard fin, à la bouche rieuse; puis la bande innombrable des Pomponnet, des Pitou, et enfin dans un désordre plein d'imprévu, chanteuses, acteurs, musiciens et choristes.

De loin en loin, pareilles à des coquelicots dans un champ de blé, on apercevait les têtes connues de Mortier, Nazet, Mendel, Saint-Albin et autres courriéristes qui paraissaient fort en faveur auprès de leurs gentilles voisines.

On regrettait l'absence de la nouvelle Clairette, Mlle Mélanie Reboux, qui, venue jusqu'à la porte seulement du restaurant, n'avait pas osé entrer, de peur de s'amuser trop pour pouvoir se retirer de bonne heure.

Mlle Paola Marié, non plus, n'avait pas répondu à l'appel amical de ses camarades, mais la capricieuse artiste a disparu depuis quelque temps, sans donner signe de vie, même à son directeur qui, entre nous, commence à la trouver mauvaise.

Deux des auteurs de *la Fille Angot* s'étaient également abstenus ; on avait bien pensé à faire faire deux bustes de Siraudin et de Koning qu'on aurait placés dans le fond de la salle, avec des voiles de crêpe noir.

Siraudin même eût été flatté de cette idée, attendu que lesdits voiles, encadrant son visage mâle et sévère, auraient de loin simulé une abondante chevelure, mais le temps a manqué pour réaliser ce projet ingénieux, et l'image des deux auteurs était seulement dans le cœur de tous les assistants.

Je soupçonne même M. Cantin d'avoir une miniature représentant Koning dans un médaillon qu'il portait sans cesse à ses lèvres.

La première demi-heure est consacrée à une vigoureuse attaque aux comestibles de Peter's, et bientôt le bruit des conversations particulières se perd au milieu d'un brouhaha qui va toujours croissant.

Les groupes se dessinent; les chaises se rapprochent; les poses s'accentuent; les apartés commencent.

Attention : la sonnette résonne et la parole est donnée aux toasteurs.

La première santé est portée à M. Cantin, par Heuzey, le plus ancien pensionnaire des Folies-Dramatiques; à ce vétéran du théâtre succèdent le chef d'orchestre Thibaut, au nom de ses musiciens, et Pellerin, au nom des choristes.

L'impresario esquisse un sourire d'attendrissement et répond quelques mots de remerciements qui sont couverts d'applaudissements et de bravos.

Les auteurs ont leur tour; un toast leur est adressé par M. Luco, dessinateur en titre du théâtre, le boute-en-train de la fête, et enfin M. Mousseau lève son verre en l'honneur de la presse, et prononce de cette confrérie, dont nous sommes les modestes représentants, un éloge qui fait pleurer Nazet dans son assiette.

Il manque encore quelque chose : — Quoi donc? — Des couplets! — Eh bien, Clairville n'est-il pas là? il en a toujours dans ses poches. Tenez, voyez plutôt!

En effet, le toujours jeune vaudevilliste entonne, sur un air connu, une ronde qui soulève des transports d'enthousiasme.

Voici deux ou trois de ces couplets notés au passage :

Trois cents!... quelle chance complète!
En dix mois, cette pièce usait
Trois Amaranthe, six Clairette,
Trois Pitou, quatre Pomponnet,
Trois Lange, autant d'La Rivaudière...
Pendant presque une année entière,
Elle usa vingt-deux comédiens,
Plus de trente musiciens,
Des costumiers, des costumières,
Je ne sais combien d'instruments...
De plus... cinq ou six ministères...
Et même trois gouvernements!...

*
* *

Le *Gascon*, malgré son audace,
Passait avec *Mary Tudor*...
Avant *Libres*, qui déjà passe,
La *Camorra* passait encore...

On a vu, ne résistant guère,
Passer *Plutus* et le *Beau-frère*,
Le *Parrain du petit Oscar*,
Et la *Veuve du Malabar*...
Billion, qui la trouvait mauvaise,
Vit passer même en quelques jours
Le *Parricide* et la *Falaise*...
La *Fille Angot* chantait toujours !

*
* *

Cantin payait à la centième
Un souper, un bal, ce fut bien...
Vous payez à la trois-centième,
Les auteurs seuls n'ont payé rien !
Est-ce un système ? est-ce un caprice ?
Ou serait-ce de l'avarice ?
Pour faire de semblables pouffs,
Ne seraient-ils que des pignoufs ?,..
A la dernière, laissez faire,
Ils jurent de se mettre en frais...
Espérant que de la dernière
L'heure ne sonnera jamais !

Après ce dernier cri d'un cœur abreuvé
de veine, on pouvait croire que tout était
fini. Eh bien ! non, tout à coup les feuilles
des palmiers s'agitèrent, et un Italien, pas
un Italien de carton, un Italien pour de
vrai, joua toute la partition de Lecocq sur

son orgue de Barbarie. Cela devenait du délire, les têtes les plus solides avaient le droit d'être troublées.

Aussi la mère d'une des nombreuses Clairette de la maison commit un petit *lapsus,* qui amusa beaucoup son entourage.

*
* *

Les garçons de Peter's, voulant profiter de l'élan de générosité dont tous les soupeurs paraissaient capables, imaginèrent de promener sur une assiette une tasse entourée de paquets de cure-dents.

Les petits bouts de plume, on le devine, n'étaient qu'un prétexte : c'était de pourboire qu'il s'agissait.

Chacun comprit, et la tasse était déjà à moitié remplie de pièces blanches, lorsqu'on la présenta à la Clairette-mère. Celle-ci regarda attentivement et fit un geste pour puiser dans la tasse, mais on vit bien qu'elle était prise d'un scrupule à l'idée d'*accepter* de l'argent : elle se contenta de saisir un paquet de cure-dents qu'elle mit prestement dans sa poche en lançant au garçon un petit sourire de remerciement qui signifiait : Hein! je suis discrète ! »

A trois heures, on parlait de danser : les hommes graves, dont je faisais partie, profitèrent de cette menace pour s'esquiver.

HENRY BUGUET.

Décembre 1873,

FIN

Imp. RICHARD-BERTHIER, 18 & 19, pass. de l'Opéra.

www.ingramcontent.com/pod-product-compliance
Lightning Source LLC
Chambersburg PA
CBHW071602220526
45469CB00003B/1091